瑞雲研究会主幹

平野八州
Hirano Hasshu

玉寿の姓名判断

ぎょくじゅ

風詠社

玉寿の生命判断「三種の神技(わざ)」

　この書を思案しながら書き足しているその時、
2018年12月05日、午前11時05分、住まいから撮影しました。
世界広しと言へどもこのような姿を見た人は、小生一人でしょう。
これは「白龍」、「昇り龍」或は「飛龍」とも云い吉兆が、
この書に舞い込んでいただいたようです。

　命名・改名の折には、此の白龍、如何なる悪弊も蹴散らし、
さらに神助をえて、素敵な人生が望めるでしょう。
常識では考えられない稀有の姿を見せて頂きました。
この白龍を手に取る全ての人と幸運を分かちあいたい。

　　　　　　　　　　　　　　　　平野　八州

玉寿_{ぎょくじゅ}の姓名判断

瑞雲研究会主幹　平野八州

冒頭挨拶

　若いころから、何くれと思い悩むことあり、宗堂で座禅を組んだり、また白衣を着て行者さんに付き添い霊山を訪ね滝にもあたり、幾つかの宗教団体に入り講義をうけたりしてきたが、なんら悟ることなく、迷える羊さながらに年を重ねてきたように思えてしかたがない。そんな中で事業が廃業の憂き目に逢い、何が原因かと考えながら、ふと自分の名前に不審を抱き、ある先生を訪ねると、素敵な名前でこれ以上のぞまなくてもという。

　それが挫折する羽目になった。名前が原因とは思わないが、何となくそれらの判断を疑問に思い調べるうちに、既存の姓名判断には統一的な考えはなく、どの本を信用したらいいか分からず、小生と同じように間違った名前を付けておられる方が多いのではないか、そんな思いから姓名判断をかじってみる気になったものです。

　そこで数千人の名を分析検索してきた結果、いろんな業界で Top か Top3 の方たちの多くに凄い組み立ての技が潜んでいることを見つけました。それがここで解説する「三種の神技」です。その技の名を古代より皇位の印として代々伝えられた三種の神器「鏡、剣、勾玉」に由来しますが、この書では名前に潜ませる「hop、step、jump」の技を「三種の神技」として使

わせていただくこととしました。

　三種の神器に秘める神の教えはキリストや仏陀の教えとともに、ただ方便が違うだけで、真理は同じで人としての心の在り方を、教えていただいていることに、変りはないように思える。その心を名前に滲ませるお手伝いが、わずかでも出来ればこれ以上の幸せはありません。

　姓名判断に絶対とか必ずという言葉はありません、貴賤の上下善悪の判断もありません。全て確率の問題で、運勢を如何なる業務に従事しようと、成功裏に誘導する事が出来るか否かが課題です。

　じっくりお読み頂ければ、格段の推進力を滲ませる命名、改名のテクニックにまず驚かれ、名前に潜む数字の魔力に人生が翻弄されることを知ることになるでしょう。

　お読みいただく方々に幸運が舞い込むことを心より祈念して挨拶とします。

　　　　　　2019 年 10 月 11 日　　　平野　八州

目　次

冒頭挨拶 ……………………………………………………………… 6

第一章　獣の数字「6，6，6」………………………………… 9

第二章　三種の神技（<ruby>みっつ</ruby>）（<ruby>わざ</ruby>）………………………………………………… 21

第三章　「姓名判断」を考察する ……………………………… 57
　◇姓名判断に必須の五格とその仕組みについて　67
　◇数字について　72
　◇占いについて　82

第四章　姓名判断画数評価 ……………………………………… 95

第五章　姓名判断分析とその寸評 ……………………………… 109
　◇命名のおり、念頭に置きたい事柄　197
　◇不運を招くと言われているが本当だろうか　203

第六章　「漢字」（人名漢字含む）「カナ・ひらがな」
　　　　筆数リスト ……………………………………………… 217
　◇漢字の成り立ち　237

第七章　飛翔運の画数配置 ……………………………………… 249
　◇苗字の由来　265

あとがき ………………………………………………………… 270

参考文献 ………………………………………………………… 272

第一章　獣の数字「6，6，6」

かってある先生が「3，6，9」と言う数字は宇宙の
リズムであり人間にも大きくかかわりがあると思う、
それがどんな形態かわからないがと、丸や三角菱形な
どを組み合わせたり、どういう形で表現したらいいか
と苦悶されたこともあったように伺っていましたが、
結論と言うか、こうだとは明言することなく、この世
を去られた、18、9年前のことである。

　その後小生の境涯に大きな変化があり、自分の名前
に何となく疑問を持ち姓名判断の本を買い、調べてい
るうちに、どうも変だとおぼろげながら姓名判断の絡
繰りが分かるようになってきました。姓名判断の歴史
が浅いせいか、統一的な判断には程遠くどの先生にも、
思い違いやら勘違いがあることにきづいたのです。

　そこで、いろんな業界で1、2を争うような目覚ま
しい仕事ぶりの人達の名前を見て居るうちに、偶然付
けた名前にしろ、字の筆数とその配置に実に興味深い
組み立てがあり、如何なる書籍にもない技が隠されて
いることを発見したのです、小生84歳、ここ4年の
間に大腸癌、膀胱癌と手術をし余命いくばくもないこ
とを知り、せっかくここまで調べ上げて来た姓名判断
の極意とまではいかないまでも未来に夢が持てる素敵
な命名のノウハウ**「三種の神技」**を埋もれさせるに忍
びなく、一人でも多くの人達に知ってもらおうと思い
立ったわけです。

　そこでいずれ小冊子にでもと考えながら、姓名判
断は数字とその配置にこだわり、判断をするのです

が、その数字にいろんな意味があると調べているうちに「3, 6, 9」は加えると 18。6, 6, 6 も加えると 18、更に加えて 9 となる、この数字にぶつかったのです。日本の神道では数霊、言霊、欧米では数魂ともいい、数字には深い意味が隠されているという。調べてみました、数学者ではありませんので、おおよそとか、うわっつらしか見ることはできませんが、実に奥が深く面白い事に気が付いたのです。

　新約聖書ヨハネ黙示録 13 章 18 節に赤い龍とあり「ここに知恵が必要である "6, 6, 6" は人間を指すものだ、思慮ある者はこの獣の数字の謎を解くがよい」とある。さてこの謎とは。ここで「3, 6, 9」「6, 6, 6」に関連する不思議について少し触れてみよう。

　ローマ皇帝ネロはキリスト教を弾圧。獣の像を拝まない者はみな殺害した。

　古代ユダヤ最高の占術とも言われる、カバラ数秘術ゲマトリアは聖書に隠された数の暗号を解く秘術（西洋では、全ての神秘を解く鍵とも言われ、究極の数秘術という）で、アルファベットにそれぞれ数字を割り振りつけて、それに基づいて皇帝ネロ [nrwnqsr] を計算すると n＝50　r＝200　w＝6　n＝50　q＝100　s＝60　r＝200、合計 666 となる。獣の数字とはこの辺から来たのであろう。

　また欧米では A＝1、B＝2、C＝3・・・・・Z＝26　として吉凶を占うことがあるようだ、ちなみ

に計算してみると松山英樹（MTUYAMAHIDEKI）は5、宮里藍「MIYAZATOAI」は3、岡本綾子（OKAMOTOAYAKO）は8、石川遼（ISIKAWARYOU）は4となる。この数字を見ると松山はますます上昇気流に、宮里は世界ランク一位にもなった女性である。岡本綾子もアメリカでLPGA賞金獲得ナンバーワンになったこともあるが、石川遼の数字はいただけない、この数字信用するわけではないがチョット心配である。NEWYORKはN14×6　E5×6　W23×6・・・と数えると84、30、138、150、90、108、66、合計すると666になる。またコンピューター/COMPUTERも同じように6を掛けると18、90、78、96、126、120、30、108、それぞれ加えると666となる。ウインドウズVISTAは見方が少しややこしいが、ローマ数字を使うと同じく666となり。またニューヨーク、5番街にあるロックフェラービルの看板には666とある。アメリカ大統領ドナルド・トランプ（Donald John Trump）を計算すると3、いい数字だ。ヒラリー・クリントン（Hillary Rodham Clinton）は14が少し気になる。あまりいいとは言えない数字、大統領選挙で敗北した。

　英国で始まったゴルフはハーフ9ホールとし、アウトインで18ホールをワンランド、トーナメントでは予選は2ラウンド、36ホール、決勝はまた36ホールの戦いとなる。

　しめて72ホール、7+2=9、しかもゴルフ場は1

ホール平均4打、ハーフ4×9＝36（3＋6＝9）打の設定。18ホールは4×18＝72（7＋2＝9）打を基準として設計されている。素敵なスポーツです。将棋盤は縦横9マス、9×9＝81、ひっくり返すと18、囲碁盤は縦横19の線で刻まれ、その線上に碁石を置いて勝負する、間隔はどうかと言いますと18×18の平方盤である。この18×18＝324、3＋2＋4は9となる。野球はと言いますと三振を3つ取って回を重ね9回では、3×9＝27、2＋7＝9、その間の得点で勝負する。一分間に海岸に寄せる波は9回、人間の呼吸は18回、平均的な体温はその倍で36度か36.5度、この10倍が一年の日数に匹敵する。36の倍は72、脈拍の数ともいわれ、また72×2＝144は血圧がこれ以上の人は高血圧と言われている。

　一年は365日、365と言えば金田正一の生涯完投数も365、またこの金田正一の投球回数、1950～1969年で5526回5＋5＋2＋6＝18、与四球はわずかに端数があるが1800個、野村克也の打席数は11970、数え方によってこれも18、東尾　修の投球回数4086回、米田哲也の投球回数5130回、イチローの国内安打数1278、NPB/MLB通算安打数4257。いずれも18を見ることができる。工藤公康はちょっと変わって投球回数3336回。凄い選手の成績には変な数字がまつわるようだ。

　選挙権は18歳から、地球は地図を見ると現在は移転してるが、イギリスのグリニッジ天文台を0度と

13

し 360 度に分割され、経度の 180 度は太平洋のほぼ中央、分度器にしても水平は 180 度。直角は 90 度。一回りは 360 度、200 とか 300 或は 400 を分割したというなら分かるが 360 という数字はどこから来たのだろう。豊臣秀吉が度量衡を改定し一反を 300 坪としたがそれ以前は 360 坪が基準であった。

平安時代からかどうか知りませんが距離を見ると、1 里は 36 町、1 町は 360 尺、1 間は 1.8 m 正確には 1.81818 m、なぜか一升は 1.8 リットル。大変古い時代に、これらの数字、西欧と同じ捉え方をしている。すでに何か交流があったのではないか。

周波数のことだが、ニッポン放送 1242kHz、12 ＋ 4 ＋ 2 ＝ 18、文化放送 1134kHz、11 ＋ 3 ＋ 4 ＝ 18、TBS ラジオ 954kHz、9 ＋ 5 ＋ 4 ＝ 18、NHK 東京第一放送 594kHz、5 ＋ 9 ＋ 4 ＝ 18、NHK 東京第二放送 693kHz、6 ＋ 9 ＋ 3 ＝ 18、NHK 大阪第一放送は 666。

それぞれ加えると 18 となる。

以下も少し面倒ですが数えてみてください、いずれも 18 を数えることができる。

熊本地震 2016 年 4 月 14 日。サンフランシスコ地震 1989 年 10 月 17 日。ロスアンゼルス地震 1994 年 1 月 17 日。阪神淡路大震災 1995 年 1 月 17 日。湾岸戦争 1991 月 1 月 17 日。四川大地震 2008 年 5 月 12 日。パキスタンの地震 10 月 8 日。リスボンの大地震 1755 年。中国青海省大地震 4 月 14 日。東北大地震 2011 年 3 月 11 日。また新潟秋田の地震 2019 年 6 月 18 日。

JR 福知山線脱線事故 2005 年 4 月 25 日。名古屋空港の中華航空事故　平成 6 年 4 月 26 日。マレーシア空港 370 便失踪 2014 年 3 月 8 日。韓国セウォル号転覆事故 2014 年 4 月 16 日。第 2 次世界大戦勃発の口火を切った、真珠湾攻撃は、昭和 16 年 12 月 8 日。少し違うがハドソン川に旅客機不時着水事故は 2009 年 1 月 15 日。

　また 2017 年 8 月 18 日に、アインシュタインが 100 年前に予言した、中性子星合体によって放出される重力波が、宇宙の果てである 1 億 3000 万光年先から到来した。天文学の歴史を覆すこの重力波、世界中の科学者がこぞって興奮と共に確認に没頭したという。それがこの地球にどんな影響があるのか知らないが、金やプラチナの起源一つでもあるそうだ。いずれも 18 がある。18 と 18 と読んで 36 かな。

　コンビニのセブンイレブン 7 + 11 = 18。コンビニのスリー F、F はアルファベットの 6 番目 3 × 6 - 18、また 1 + 2 + 3 + 4 + 567 + 89 = 666、123 + 456 + 78 + 9 = 666。

　さらに一つ、これはどうか、12345679 × 6 × 9 = と、111111111 × 111111111 = を計算してみてください、少し横道にそれたが、面白い数字になります。誰が考えだしたのか暇な人がいるものだ。

　卓球の世界選手権を見て居ら、試合途中汗を拭いてもいいのは 6 の倍数と決められている。真田幸村の幟にある六文銭は三途の川の渡し賃と言う、六地

蔵、これも6だ。霊山に昇るとき人は掛け念仏と言って「六根清浄、六根清浄」と唱える。それは第六感ともいえる意識の根源である「眼根、鼻根、耳根、舌根、身根、意根」のことで身を清浄にしてということであろう。

$6 \times 18 = 108$、この計算、何の根拠もないが。仏教では煩悩の数が108あると言う。その煩悩を祓うために除夜の鐘は108回叩くと言われている。これも18だ。

日本のお札は10000、5000、2000、1000円、加えると18000円、硬貨は500、100、50、10、5、1円、加えると666円、処ですべての貨幣はアラビア数字なのに5円玉だけは「五円」と漢数字で記されている。なぜなのか不思議な趣がある。

買い物に行くとどんな商品にもバーコードが付いている。リーダーで金額を読み取るのだが、このバーコードの両端と中央に同じ線がすこし下に伸びてある、なぜかわからないがこの線は6、即ち666だ。日本だけなのか、どうして6を配したのか知りたいものだ。

大相撲興行における本場所の満員御礼連続記録は666回、1986年11月場所11日目〜1997年5月場所2日目まで。双葉山の連勝記録は69回、樋口久子のLPGA国内優勝回数も69回、外国での成績を含めると優勝回数は72回、$7 + 2 = 9$、金田正一にしても人間離れしたこれらの数字は二度と破られることはないであろう。エイズウイルスの染色体数は9666個、魔術師によると悪魔が弟子を連れていく姿だという。

　12の数字も面白い、この世界、10進法が普通だが12進法であった国もある。この数字は月の満ち欠けが一年間に12回繰り返すこと意味している。年は12カ月、一日は24時間（12×2）一時間は60分（12×5）一分は60秒。12がベースになっている。十二単衣もそうだが、ピアノは1オクターブ12音階、12支（子丑寅卯・・・・・）、12星座、これには12宮（黄道12星座）の呼び方もある。

　新約聖書にはキリストによって特別の伝道の使命を与えられた12使徒（ペトロ、ヤコブ、ヨハネ・・・・など）ギリシャ神話にはオリンポス山の山頂に住んでいると伝えられる12の神「ゼウス、ヘラ、ヘルメス・・・」がある。日本神話には造化三神、別天津神二神、神世七代、合わせて創生十二柱、「古事記」に記されている、十二因縁、十二縁起、冠位十二階などもある、中国の皇帝の礼服に用いられている模様は十二章と言われ、「日、月、辰、山、華、藻、火・・・」など、洋の東西を問わず世界各地で「12」と言う数字はよく使われている。

　イギリスでは昔1シリングは12ペンス。1フィートは12インチ、貴金属や宝石の計量に1トロイポンドは12トロイオンスである。1ダースは12個、1グロスは12ダース、12の倍が24これは一日の24時間であり、3倍の36が人の体温、その10倍が一年間の日数に匹敵し、緯度経度も360度と決まったのもこんな処からかもしれない。十二分にいただきましたなど、

日常使う言葉にこの12がある。なぜかこの12、便利な数字のようだ。

　仏教の末法思想に弥勒菩薩が56億7千万年後に生まれ、お釈迦様に代わって新しい道を開くという、弥勒はミロク、すなわち369は宇宙を理解する鍵とも言われ、未来の三世輪廻を解く。それを「振動、エネルギー、周波数＝369」だという学者がいる。56億7千万年5＋6＋7＝18、聖徳太子建立の法隆寺の秘仏、救世観音像は身長180cm。

　また3などは最も神秘的な数字だと言う。4と9は死と苦とも読んで、あまりいい数字とは言えないが、18も369も666もそれぞれ加えると9となる。仏教では空即是色、森羅万象のことごとくが空（くう、つまり無或は9）であり、宇宙の全てだと解釈されているようだ。数字についてでも触れていますが、すなわち9は宇宙そのもので、計り知れない大きなパワーが潜んでいるともいう。

　数字は人類が生み出したものではなく、宇宙に初めから存在しているもので、神の創造主自体も数学で割り出すことができるという説もある。数字の計算、これだけは世界共通で、この規則正しさは宇宙の秩序とも言え、地球の環境もバランスも、これが崩れると破壊しかねない。数字を生み出したのは人類ではなく、自然界、宇宙の言語で我々が発見したにすぎないと言われている。

　エジソンを超える天才と言われているニコラ・テス

ラは 369 について、「数字の不思議な法則性」と言って、此の世の秘密を紐解く驚愕の事実が隠されているとの、学説を持っていたようだ。ところで姓名判断寸評に加山雄三のところにも書いていますが、このニコラ・テスラが有機体からエネルギーの放出があることを発見し、コロナ放電の像が得られるとしたのを、ソ連のキルリアン夫妻が取り上げ、写真機を発明した。これが人のオーラが写せる、「キルリアン写真」である。

　ヨハネ黙示録には神と悪魔の最終決戦、ハルマゲドンのことが記されている、日本で起きるというメッセージだろうか、これらの不思議まだまだあるがこのへんで。

　369（6,6,6＝18 は 9）にまつわる不思議が人のなりわいに大きく関係し浸透もし日々の生活に少なからぬ影響がある様だ。これらの数字さらに検証して吉凶の判断の参考にし判定の確率をより精度の高いものにしたいものです。

第二章　三種の神技

小生の姓名判断、長年にわたり多くの人達を検索調査してきたが、せめて2、3万人は検証すれば、さらに適格な判断は出来るでしょう、だがほとんどの人の思惑、家庭内事情、サイドワークなど見えないため、どこまで正解度を高く出来るか判断に迷いもある。

　色々の業界でTopグループに君臨する人達の名前をいろいろの角度から検索してきた結果、凄い組み立ての技が組み込まれているのを発見しました。

　四柱推命は中国4000年の歴史があり何かと問題はあるものの学問的には一応確立されている、密教占術、算命学もしかり、なかでも姓名判断は中国唐の時代に開発された「名相術」を参考にして、熊崎健翁が「姓名の神秘」を発表し日本における姓名判断がおぼろげながらスタートした。その流れはわずか100年足らずの歴史しかなく受け継ぐ人によって判断に、くい違い多く統一的な判断にはほど遠いようです。文字はというと、古代の絵本に等しい資料を、参考にしているからか時代錯誤も甚だしい。卜辞、金文、古文、或体等おそらく中国先史時代（5千年位前ひょっとするとそれ以上かも）の文字を、さも金字塔のように判断に取り入れなければ姓名判断は出来ないというのは理解できない。

　性霊集によると、文字は人の心が万物に感動して作り出されたものだというが、装飾的に描かれた文字から、長い年月を経て今日の文字に変化してきた。更には中国の簡体文字まで行くと文字の本来の意味が薄れ、

姓名判断にも支障をきたすことに成りかねないが、日本も時代と共に変化はしているが、それでも文字そのものの成り立ちにある雰囲気や余韻を残し、名前にそれぞれの思惑をにじませることが出来る。

又互いに呼び合う音、その響きが人を和ませることあり、その雰囲気が人を押し上げる要素になることもある。言霊ともいわれ、子守歌で子がすやすや眠り、村の鎮守の祭りには笛や太鼓の音で、心が躍るように名を呼び合う響きも、むげに出来ないように思う。

そこで命名には、強力な後押しを含む組立て「三種の神技」による名前でさえあれば、後は文字の内意に親しみ易さ、また安易に読め、名に潜む雰囲気や音波というか響きなど、それぞれ個人の推量で自在に判断し命名すればいいのではないか。

面倒で煩雑な三才、陰陽、五行説、複合数など、どう考えてもおかしな考えで、この絡繰り（不運を招く項に説明しています）には、捕らわれることは全く必要ないように思う。名は日常どこでもサインする名前が本人そのものであり、現代に生きる人たちが常に常用している文字で判断すべきであり、時代をさかのぼる必要もなければ一切の細工も必要ありません。たとえ旧字であっても戸籍台帳に記載し、日常書いているとすれば、その記載の名前そのままがその人自身なのです。

人はどなたでも失敗在り、どん底に落ち込む思いをすることがあるでしょう、そんな中で如何にして這い

上がるか、発想の転換を求め先達に相談したり今の自分を、見つめなおす手段を模索するでしょう。その一つに昇り竜の趣のあるこの三種の神技（わざ）を組み込んで改名をすれば相当の手助けをするでしょう。

　聖書ではないが姓名判断の福音書と考えていただきたい。この技は「神機妙算」ともいい、人智を越えた神による寿福の技と理解していただいていいと思う。

　もし苦渋の人生なら逆転の人生が始まることでしょう。

　3000とも5000とも分類できる如何なる職業に携わろうと、その職種の中でエキスパートであり、又リーダーとしてTopかTop3に舞い上がることはほぼ間違いないであろう。吉ばかりの格数で組み合わせる名も、それなりにいい将来を掴むであろうが、ジェットエンジン（三種の神技）を組み込んだ名前は他の追従を許さないでしょう。瑞雲研究会からは、そういう凄い組み立ての名前を掴み取っていただけるのです。

　まずは大きな波紋を投じることになるであろう。この海、大きく荒れるに違いない。

◆三種の神技（みっつのわざ）「Hop」「step」「Jump、連とも表示」について

　この三種の神技が組み込まれている方は多くおられます。周囲の方を調べてください。どんなお仕事にしろ、この技の組立てを内蔵されている方はそれなりに素敵な活躍をしておられるはずです。

◆姓名判断の必須事項、「天格、人格、地格、外格、総格」この５格に分析する

「五格の組み立てについて」をご覧になれば理解いただけるでしょう。

　姓名判断はこの５格が示す数字を攪拌して検証する。判断の捕え方の基です。

※文中にある数字は、一々解説せずに書きならべていますが、どの数字もそれに秘める暗示は面倒でも「吉凶画数評価」の項をご覧になりながら、お読みください。ただし格数に秘める暗示は、どの数字もその評価は、そのままで判断するが、三種の神技の組み合わせの、有る無しを見る時、11 は 2、16は 7、23 は 5、19 は 10 または 1、と数えることもありとする。

◆一つは「Hop」1Hop、2Hop と表示、５格の中に5,5 16,16　の様に同じ数字があることを言います。1hopでも秘める暗示を増加させるが、2hop となると更に大きな変化が期待できるでしょう。この格数配置がある時はその数字に秘める**「暗示を倍増」**させると判断する。ジェットエンジンを搭載し昇龍となって目覚ましい活躍をされるでしょう。ところが凶の数字が並ぶときは、時として災禍を招くことがある。この良くない数字の hop だけは、他の格数にもよるが、問題があるかもしれない。

（将棋7段、15歳）天格と外格22、人格と地格18の2Hop、活躍は当然でしょう。

飛龍のごとき勢い、年若くして凄い人が現れたものだ、だが22と40は今後、身体の事か、家庭内事情か分からないが、何らかの災禍がうずきだすかもしれない。後の格数がすごくいいから蹴散らしてくれると思うがどうであろう。さらなる活躍を祈る。

処が草冠は通常3画だが4画でサインしているとすれば、「藤」は19画で、天格23 人格18 地格18 外格23 総格41で18、23の2Hopとなり最高の名前となる。

天格14、人格15、地格15、外格14、総格29、この名前は最高クラス。

14、15の2Hop、素晴らしい活躍は見事です。天空に舞い上がる天女の如しだ。

問題ないと思うが良すぎるのは、わずかに気に病むところがあるかもしれない。

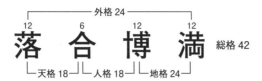

　天格18、人格18、地格24、外格24、総格42の
2Hop これは凄い、42には、何か災禍の暗示がある、
この42を吹き飛ばすには1Hopでは悪いわけではな
いが少し、力不足の趣があるが、この2hopとあれば、
この悪運を吹き飛ばしてしまうでしょう、日本プロ野
球界史上唯一となる3度の三冠王を達成。中日監督時
代に日本一にも。この2hop、如何なる悪弊も物とも
しない要素が潜む様だ。特に24のHop、これもいい。

　ところが、平成以前生まれの方は草冠を戸籍台帳
に4画で書かれている方がいる。サインする折も、
ひょっとして4画で書いているとすれば「落」は13
画となって、6, 7, 9, 10のstepで総格43となり、
不安材料も全くなく最高クラスの名となり、判断が違
うことになる。別項に長嶋茂雄を解説していますが、
同じことがいえる。

　天格13、人格18、地格18、外格13、総格31、と
てつもなくいい名前。特に総格31がいい、天性の才
能と幸運を併せ持つ、着実に進展、中年以降運気急上

昇の趣あり。13、18 の 2Hop、役者としては 3 枚目だが運を独り占めの役者ぶりである。

◇松下幸之助、天格 11、人格 11、地格 18、外格 18、総格 29 しかも 2Hop、パナソニックの創業者である。このように大きく仕事を成し遂げた方には、名にそれなりの組立を内蔵している。しかも数字がいい、11 といい 18、29 などさすがです。

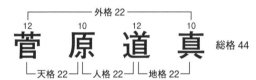

「東風吹かばにほひおこせよ梅の花、主なしとて春な忘れそ」で知られる、平安時代の貴族、右大臣として宇多天皇の忠臣として活躍されたが、妬みか謀略か、謀反を計画したとして太宰府に左遷され、現地で亡くなられた。現在各地で天神様として祀られている。大きく飛躍する組立であることに間違いはないが、全ての格数 22 に総格 44 はよくない。災いが降りかかるのは、防ぎようがなかったようだ。この「菅」の草冠だけは 4 筆で計算しています。

◇2019 年 3 月 17 日のテレビでカンボジアで不祥事をおこした、石田礼門、中茎竜二には、二人そろって、10 と 12 の Hop がある、一つならまだしも、2Hop となれば、その数字に秘める悪い暗示がうずきだす。これら凶の Hop は他の数字がいかに良くとも、災禍を引き起こしたり、招くようだ。名は嘘を言わないようだ。

◆そのほかこの hop の組み立てのある人を。

矢沢永吉（ロックミュージシャン）11, 12 の 2hop

松山千春（歌手）6, 12 の 2hop

益川敏英（ノーベル賞物理学者）13, 18 の 2hop

加山雄三（歌手）8, 15 の 2hop

中坊公平（弁護士）9, 11 の 2hop

夏目漱石（小説家）9, 11 の 2hop

樋口久子（プロゴルファー）6, 17 の 2hop

村上元三（小説家）7, 10 の 2hop

不動裕理（プロゴルファー）15, 23 の 2hop

白洲次郎（実業家）14, 15 の 2hop

倉本昌弘（プロゴルファー）13, 15 の 2hop

谷崎潤一郎（小説家）7 の 4hop

松本幸四郎（俳優）13, 22 の 2hop

沢口靖子（女優）10, 16 の 2hop

山本耕史（俳優）8, 15 の 2hop

仲代達矢（俳優）11, 17 の 2hop

王貞治（プロ野球選手）3, 4 の 2hop

岡本太郎（画家）8, 13 の 2hop

磯田道史（歴史学者）16, 22 の 2hop

平岩弓枝（小説家）11, 13 の 2hop

坂本龍馬（江戸時代末期の志士）3, 8 の 2hop

天童よしみ（歌手）5, 7 の 2hop

辻井伸行（ピアニスト）2, 4 の 2hop

田岡一雄（実業家）4, 8 の 2hop

松山英樹（プロゴルファー）11, 24 の 2hop

勝新太郎（俳優）3, 7 の 2hop

山本直純（作曲家）4, 8 の 2hop

渋沢榮一（実業家）3, 6 の 2hop

橋本龍太郎（政治家）21, 29 の 2hop

北大路欣也（俳優）11, 21 の 2hop

高橋英樹（俳優）24, 26 の 2hop

古橋廣之進（競泳選手）19, 21 の 2hop

中村五月（中村メイコ）（女優）8, 11 の 2hop

枝野幸男（政治家）15, 19 の 2hop

高柳愛実（タレント）21, 18 の 2hop

野村克也（プロ野球選手）1, 14 の 2hop

石山春子（杉村春子）（女優）8, 12 の 2hop

東出昌大（俳優）11 の 4hop

山口洋子（著作家）3, 11 の 2hop

北島康介（競泳選手）3, 15 の 2hop

愛川欽也（俳優）14, 16 の 2hop

三木武夫（政治家）7, 12 の 2hop。

◆二つ目は「**step**」6、7。11、12 のように続く数字
が２組あることを言う。一組では変化は認められない
が、「**車の四輪**」に例え、F1 など時速 300km 位で走る
車のように、相当のスピードで、10 代で名声を挙げ
ることも稀ではない。卓球の張本智和、美空ひばりも
その一人。自己主張が激しく勢いが充満するかの様だ。
楽しみな格数配置である。

卓球界の鬼才、15歳、天格16、人格17、外格19、地格20で16,17、19,20のstep、この2step、とてつもなくいい名前だ。だが地格の20に少し心配な処があるが、間違いなく世界のTopグループで活躍されるでしょう。

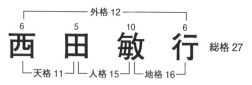

11,12、15,16の2step。それに総格27と画数の配置は絶妙だ。英気が噴出しているとしか云い様がない。またとない特異な役者である。確実に才能開花させ、名優の一人として芸能界に君臨しているのに何の不思議もない。素敵な役者です。

天格8、人格5、地格3、外格6、総格11、全て大吉揃い、凄い活躍ぶりは流石です。

2,3、5,6のstepがいい、最高レベルの名前です。改

名に次ぐ改名で成功した一例です。

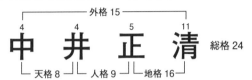

8,9,15,16 の step しかも 24 がある。徳川家康に可愛がられた江戸時代初期の大工の棟梁、江戸城、増上寺、日光東照宮、また江戸の町割りまで手掛けた傑人、他には二条城、伏見城、駿府城、延暦寺根本中堂をはじめ神社仏閣も多く手掛けた。豊臣家滅亡の引き金となった鐘銘事件の際、家康にその写しを送り、しかも大阪城の絵図面作成、大阪城攻撃に一役を担い、一族を率い参陣したと言う。

その功績で500石で召し抱えられ、従五位下大和の守に任ぜられた。

○その他 step を含む人たち

池内淳子（女優）9,10,14,15 の step

中村梅雀（歌舞伎役者）2,3,5,6 の step

鈴木亮平（俳優）13,14,17,18 の step

花柳貴彦（舞踊家）15,16,20,21 の step

三木谷浩史（実業家）5,6,8,9 の step

石川啄木（歌人、詩人）8,9,13,14 の step

米元響子（音楽家）9,10,23,24 の step

藤田まこと（俳優）7,8,22,23 の step

谷原章介（俳優）2,3,5,6 の step

佐伯三貴（プロゴルファー）1,2,5,6 の step

長渕剛（歌手）2,4,9,10 の step

阿川佐和子（小説家）1,2,9,10 の step

大林宣彦（映画監督）2,3,7,8 の step

相田翔子（女優）2,3,5,6 の step

中井貴一（俳優）4,5,7,8 の step

宮本亜門（演出家）5,6,8,9 の step

阿久　悠（作詞家・小説家）1,2,4,5 の step

君原健二（マラソン選手）3,4,8,9 の step

本木雅弘（俳優）9,10,17,18 の step

草笛光子（俳優）2,3,8,9 の step

滝沢秀明（タレント）20,21,14,15 の step

市川昭介（作曲家）8,9,12,13 の step

田中将大（プロ野球選手）8,9,13,14 の step

久保建英（プロサッカー選手）11,12,17,18 の step

高木菜那（スピードスケート選手）14,15,17,18 の step

◆三つ目は「jump」「連」とも表示します。

　3,4,5、或は 13,14,15,16 のように連続した数字の配在のことを言う。この配置 **「階段を駆け昇る」** 暗示在り、強力なバックアップあり、いつのまにやら上昇気流で舞い上がり、いい仕事をされるようだ。ところで、5jump となると運気過剰の趣在り、何か苦か禍を背負うような兆しが、人によりますが稀にあるかもしれない。

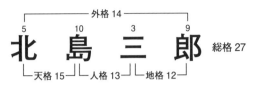

12,13,14,15, に 27。これは 3,4,5,6 の 4jump と見ることが出来、活躍は当然、これ以上の名前を付けるのは至難の業。運気過剰の暗示がないわけではないが、雲をかき分け天に駆け登る龍の如し。地格にある 12 に少し引っ掛かりがあるが、此の人親の七光りなし、下積みも長く、流しで、基礎をはぐくみ今日たぐいまれな位置におられる。

人の生きる道は山もあれば谷もある、歌一筋に精進を重ねて来られたからでしょう。紆余曲折はあっても名前の良さは、いい結果に誘い込むようだ。

◇高野公男（作詞家）にはこの特異な組立てが無いのが原因とは思えないが、26 歳で亡くなられた。いい作品を残したが惜しまれる人であった。もっとも信頼する相棒であった船村徹（作曲家、文化勲章受章）には天格 17、人格 23、地格 16、外格 26、総格 33 で 5,6,7,8jump がある。また弦哲也（作曲家）天格 8、人格 18、地格 13、外格 11、総格 21 で 2,3,4jump がある、美空ひばりの「人生一路」ではないが人は苦労ありアクシデントを乗り越えてこそ、一回りも二回りも大きく成長する。北島三郎にも言えるが花を咲かせる三種の神技の後押しは侮れないようだ。

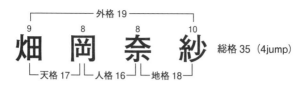

16,17,18,19 の 4jump。18歳でアメリカ LPGA に挑戦、一年目米ツアーで優勝する。岡本綾子、宮里藍に次ぐ大和なでしこの快挙である。運気過剰の兆しがわずかにあるが、いい度胸も持ち合わせている。国内でも数回優勝していて、これからも素晴らしい活躍で Top グループに舞い上がることは間違いないでしょう。

天格 13、人格 18、地格 17、外格 29、総格 39、2,3,4,の jump を見る事が出来。申し分ない名前だ、特に 39 は一度掴めば全てにおいて、順風漫歩の強運、一芸に秀でて地位財を成し衆望を集め破竹の僥倖運数。スキージャンプの傑物である。さらなる活躍を祈る。

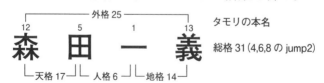

天格 17、人格 6、地格 14、外格 25、総格 31 で 4,5,6,7,8 の 5jump と 4,6,8 の jump2 を見る事が出来る。登り龍が潜むとしか言いようがない。凄いです。心配

ないと思うが過強運の兆しがわずかに在るが。素敵な
キャラクターの持ち主、活躍は当然でしょう。

4,5,6,7,8 の 5jump、凄い、これ以上の名前の組立て
はおそらく不可能でしょう、若き折り紙作家が織りな
す圧巻のファンタジーの世界、1枚の紙で制作された
「神龍」、「3頭のドラゴン」など1作100万円、幾何
学的な設計図を描くことから始めるという。紙技なら
ぬ神業、日本を代表する折り紙作家の一人である。だ
がわずかに運気過剰のおもむきあるも、格数の並びが
いいからおそらく心配ないでしょう。

（10,20,30）1,2,3 の jump があり、階段を駆け登る要
素を含むと判断でき、ニュースキャスターであり作家
でもあり TBS の報道メインキャスターを務めるなど
凄い活躍ぶりである。やはりこの jump には悪弊を振
り切って驀進する何かが潜んでいるようだ。
　だがこの格数にある3個の「0」だけは頂けない。
何かは分からないが、災禍がうずきだす暗示がごろご
ろしている。この悪い兆しはぬぐい切れないかもしれ

ない、あとは先祖の余徳か守護霊の手助けがあって、何も起こらなければいいが。一層の活躍を祈る。

　井伊直弼にも（10,20,30）1,2,3 の jump がある。Jump には階段を駆け登る暗示あり。彦根藩主の 14 男として生まれ、32 歳まで 15 年間 300 俵の部屋住みであったが、藩主につづいて長兄も他界し、後は分家したり他家に行くなど残された直弼が彦根藩主になり、藩政改革をすると同時に幕府の溜詰として幕政で力を発揮し、大老に就任するなどとんとん拍子に出世した幕末における開国日本の立役者だが、安政の大獄を采配したのち、桜田門外で暗殺された。人格にある 14 は運気を押し上げる要素があるが、「0」が一つならまだしも、2、3 個とあるのは破滅、崩壊などアクシデントがうずきだす。

　西郷隆盛が最も尊敬した、一人といわれる江戸時代末期の志士、橋本左内にも 10,20,30 の jump があり、国を大きく揺さぶった思想家だが安政の大獄で 26 歳で処刑された。

　広田弘毅も全く同じ格数揃いの 10,20,30 がある。第二次世界大戦後の極東軍事裁判で軍人ではないのに A 級戦犯として有罪判決を受け死刑となった。徳川光圀（黄門様）の妹千姫を先祖にもつ、素敵な男、マ

イク真木（本名、眞木壮一郎）に 10,20,30 がある、再婚に次ぐ再婚など何か苦を背負っておられるかもしれない。わずかな救いは芸名かな。女優の坂口良子、5格全部が 10 と 20、失礼だが同じ格数の娘さんも決していい人生とは思えない。

又ここで記すのは少し気が引けるが、2018 年 11 月 28 日のテレビ放送で、父親の暴力によって亡くなった今西希愛ちゃん 2 歳、名前に 10,20,30 の jump があり、しかも人格 13 外格 17 がある、永らえれば素敵な生涯であっただろうと推測できるがお気の毒でした。

竹中直人には 10,10,12,20 がある、この人「姓名判断を考察する」の中でも触れていますが、1,2,3 の jump が何もかも払拭してくれていると思うが、心配なところが多すぎる。

不思議な人がいる、手塚治虫（漫画家、医学博士）には外格 10、人格 20、総格 30、地格 14、天格 16 で 10,20,30 がある。これだけを見ると救いようがないほど悪い名となる。素敵なお仕事をされてきたとは思えないが、よく見ると、1,3,5,7 の jump2 がある。この一つ一つの数字もいい、しかも jump2 にはすべての悪弊を蹴散らすエネルギーが宿していると考えたい。先祖からの遺伝子も良かったのでしょう、さすがです。

小生の本名にも 10,20,30 がある。

他に「0」に運命を翻弄された人に近衛文麿、伊藤博文、織田信長、中川一郎、真田幸村、 小磯国昭、赤木圭一郎等の人達がいる。現役で大いに活躍されて

いる方で「0」を含む方はまだまだおられますが、こ
の際控えることにします。やはりこの「0」一つなら
ともかく二つ以上となると、すべての人というわけで
はないが、何かわからないがうずきだす様だ。

○その他 jump を内蔵する人たち
◇京口紘人、1,2,3,4,5 の 5jump、WBA 世界ライトフ
　ライ級スーパー王者、さすがです。
◇本田圭佑にも 1,2,3,4,5 の 5jump がある、この人の格
　数の並びも半端じゃない。
◇松井秀喜には 1,2,3,4 の 4jump がある。なるほどと
　しか言いようがない。さすがです。
◇井深大は世界のソニーの創設者で 3,5,7,9 の jump2
　があり、盛田昭夫には、4,5,6,7 の 4jump がある。
　技術者、実業家として井深と共にソニーのブランド
　を不動のものにした。
◇前澤友作は、小さな CD 通販会社から ZOZO を巨
　大化させた実業家。6,7,8 の jump がある。
◇ヴァイオリニストの辻 彩奈に 4,5,6,7 の jump があ
　りしかも総格 24、素敵な活躍は当然。
◇芝野虎丸は 19 歳、天格 17、人格 19、地格 11、外
　格 9、総格 28 で 8,9,10,11 の 4jump がある。階段を
　駆け登る格数配置である。第 44 期囲碁名人戦七番
　勝負で張栩名人を破り、10 代の囲碁名人が誕生し
　た。囲碁七大タイトル戦史上最年少となり、九段に
　も昇格し、スピード昇格と言い記録ずくめの名人位

獲得となった。この jump の後押しはすごい。

◇宇多田ヒカル、アルバム「First Love」など 300 万枚を超えるヒット。本名芸名 Hop と jump があり大きく飛躍されたのも不思議はないが、本名に 12 と芸名に 10 がある。この数字は少し問題で、重荷を背負うか、心を惑わす何かが潜む様にも思える。

◇さらに jump の組み立てを内蔵する人

美空ひばり（歌手）7,8,9 の jump

黒川紀章（建築家）2,3,4,5 の jump

石田芳夫（棋士）1,2,3 の jump

辛坊治郎（ニュースキャスター）4,5,6,7,8 の jump

伊東四朗（俳優）13,14,15,16 の jump

三田寛子（歌手）6,7,8,9 の jump

星野哲郎（作詞家）18,19,20,21 の jump

服部良一（作曲家）8,9,10 の jump

長渕 剛（シンガーソングライター）1,2,3 の jump

指原莉乃（タレント）1,2,3,4 の jump

盛田昭夫（実業家）13,14,15,16 の jump,

三山ひろし（歌手）3,4,5,6 の jump

大坂なおみ（プロテニス選手）8,9,10,11 の jump

岡田克也（政治家）3,4,5 の jump

細川たかし（演歌歌手）4,5,6,7,8 の jump

由紀さおり（歌手）3,4,5 の jump

東儀秀樹（雅楽演奏家）4,5,6 の jump

高倉 健（俳優）2,3,4 の jump

秋山幸二（プロ野球選手）1,2,3,4jump

猪俣公章（作曲家）3,4,5 の jump

太田雄貴（フェンシング選手）6,7,8,9 の jump

渡辺麻友（女優）5,6,7,8 の jump

宮崎美子（女優）2,3,4 の jump

山下　清（画家）5,6,7 の jump

森公美子（オペラ歌手）6,7,8 の jump

野村麻紀（歌手）17,18,19,20 の jump

吉田沙保里（レスリング選手）2,3,4,5 の jump

なかにし礼（小説家）5,6,7 の jump

深田恭子（女優）13,14,15,16 の jump

◆四つ目は「jump2」、これは三種の神技_{わざ}の jump の仲間と言った方がいいかな。3,5,7 或いは 4,6,8,10 のように飛び飛びではあるが、奇数揃い偶数揃いの方で素敵な人を見てきました。

　ホップ、ステップ、ジャンプかな、悪弊を振り切って邁進するエネルギーが噴出してるようだ。この三段跳びの配置は「jump2」と名付け、高い評価を与えることとする。

　2,4,6,8,10 の jump2、2000 年シドニーオリンピック金メダリスト。女子マラソンの元世界記録保持者、女

子スポーツ界で初の国民栄誉賞を受賞。愛称Qちゃん、どんな追従も許さない5段跳びの凄い名前である。しかも24がある。生涯金銭では不自由しない暗示在り、11,13といい、何をしても堅実に発展させる器量を持つという素敵な格数の持ちぬしだ。現在スポーツキャスター、マラソン解説者などで活躍している、名が良すぎるため運気過剰の気配在り、外格13は女子にはチョット強い性格を表す、儘にならない何かを抱えて居られるかもしれない。失礼だがそんな気がする。

11,13,15はすなわち2,4,6のjump2間違いなく階段を駆け登る要素充分である。

日本の津軽三味線奏者。古典曲の独奏に限らず、民謡伴奏や洋楽とのセッションおよび作曲においても高い評価を得ており、木乃下真市と双璧をなす若手第一人者とされている。

浜口庫之助（シンガーソングライター）には2,4,6でjump2、ブルゾンちえみには2,4,6,8でjump2、東ちづるには4,6,8,10でjump2、上田晋也には4,6,8でjump2、がある。

映画の世界で天皇と言われた黒澤明監督には6,8,10のjump2を見る事が出来る。

原辰徳（プロ野球選手）4,6,8のjump2、長嶋茂雄

（プロ野球選手）には 2,4,6 の jump2、渋野日向子（プロゴルファー）20 歳、2,4,6,8 の jump2 がある。プロになって一年目で国内 4 勝し、初出場の全英女子オープンゴルフで優勝、海外メジャーの優勝は樋口久子の快挙以来 42 年ぶりという、この jump2 の強力なバックアップがあったればこそでしょう。

　吉野彰、名城大学教授、従来の電池より 2 倍以上の電気を蓄積できるリチウムイオン電池の発明者、2019 年ノーベル化学賞受賞、天格 17、人格 15、地格 15、外格 20、総格 31 で 2,4,6,8 の jump2 がある。好奇心に柔軟性、執念深さが新しいものを生み出す原動力ではないかと言われる。ちなみに奥様の吉野久美子さんは 5,6,8,9 の 2step があり、しかも総格 32 は、棚からぼた餅の強運が舞い込むラッキー数である。そろって素敵な名前である。この様なご夫婦を黄金コンビと言えるのではないかな。

○ jump2 を名に含む人達
　西岡徳馬（俳優）4,5,6,7 の jump2
　川中美幸（歌手）4,6,8 の jump2
　山手樹一郎（小説家）2,4,6,8 の jump2
　福原 愛（卓球選手）5,7,9 の jump2
　野口英世（医師）5,7,9 の jump2
　三浦友和（俳優）2,4,6 の jump2
　阿木燿子（作詞家）2,4,6 の jump2
　三波春夫（歌手）2,4,6,8 の jump2

岡田准一（俳優）2,4,6 の jump2

桂 歌丸（落語家）4,6,8 の jump2

東ちづる（俳優）1,3,5 の jump2

片山晋呉（プロゴルファー）2,4,6,8 の jump2

角川春樹（実業家）1,3,5,7 の jump2

中村梅雀（俳優）2,4,6,8 の jump2

加藤一二三（棋士）1,3,5 の jump2

内村航平（体操選手）5,7,9,11 の jump2

その他 jump2 の人達

真野あずさ　桑田佳祐　栗田貴也　池谷幸雄　中尾彬　小澤征爾　渡辺直美　小松政夫　森田一義　山本譲二　伍代夏子　市原悦子　東野圭吾　馬場あき子　紀平梨花　武井壮　中国主席・習近平にも 3,5,7,9 の jump2 がある。

　この jump2 を含む人達は中々の大物揃いだ、またどんなお仕事であろうと、世に名前が出ることなくとも、素敵な活躍をしておられる方はいくらも居られるはずだ。

　此の jump も 4 個以上となれば過強運、良すぎるはかえって、まれにではあるが、苦か或は満ち足りない何かが漂うかもしれない。

　なお隣の国の金正恩　毛沢東　周恩来　江沢民　胡錦濤　李先念　鄧小平　朱徳など三種の神技が含まれていて流石です。だが一人、劉少奇元主席、三種の神技はなく人格に 12 がある。もろに 12 の悪弊が出たよ

うで文化大革命で失脚し非業の死を遂げた。

　更に一人、林彪、中国共産党中央委員会副主席であったが、文化大革命の折失脚して、亡命途中モンゴルで飛行機墜落で死亡した。名前に19の3hop、凄い名と言いたいが、総格の19が災いしてか、あらぬ方向に引き込んだようだ。

　以上トップ街道を驀進しておられる方々は「三種の神技」の技が含まれているのに驚くばかりだ。流石と思わざるを得ない。名がすごくいいからと言って、腕をこまねいているだけで運が開けるものではない。中には血のにじむような苦労をされてきた方もおられるでしょう。生半可なことで今があるとは思えない。挫折することなくこれたのは、この特異な格数配置が、上昇気流に乗せるべく、相当の手助けをしてきたに違いない。

　処で「二八の法則」という言葉がある。二割の人がこの世の八割のお金を持ち、八割の人が二割のお金であくせくしていると言う。会社でいうなら二割の人は利益を上げる活躍をするが、六割の人は自分の給料を稼ぐのが精いっぱいで、後の二割はゴクつぶしだと、チョット失礼な言い方かな。毎年二・八の月は景気が良くないとも言われる。

　姓名判断で多くの人を見てきたが、どんな世界でも上昇気流に乗り、目覚ましい活躍をされ、top街道を歩いている方は、およそ二割ほどで、後の八割の方は何か満ち足りない苦を抱え、奮闘しておられるように

思える。その二割の仲間に入る努力をするのが人の生きる道かもしれない。適切とは思えないがこんな言い方もできるようだ。

　世にはこの三種の神技（Hop、step、jump）を名に持つ人は、沢山おられます。中には一向にうだつがあがらない、何をしても失敗ばかりで不安におののく生活をしておられる方もみえるかもしれない。つまらぬことをしてきたと思わないでください、ミスや失敗は人生の肥やしになります。無駄ではありません。目標を定めてください、手段は後からついてきます。気力を奮い立たせチャレンジしてください、嘘は言いません、早いか遅いかは人によって違いますが、この名を持つ人は必ず芽が出て花が咲く時が来ます。

　この書の真意はここが良くないなど、あからさまに名前に潜む不穏な暗示を云々していますが、名付ける折にどんなことに気をつけたらいいかを理解していただきたいだけです。失礼を顧みず、故人も含め、お名前を勝手に斟酌しています。お許しいただきたい。
　三種の神技を、解いてきましたが善悪の判断はありません、やり遂げるという観点から見ると、たとえ悪いことをしてきた人でも、この組み立てを内蔵する人はおられます。車の運転ではないが左右どちらに行くかは人それぞれでして、**心の動きまでは誘導したり読み取る事もできない。善悪の判断は自己責任です。**

人の心には善と悪が同居しており、本能や感情に惑わされず、己にある悪に打ち勝つことが人生の修行の一つであり、もし私利私欲のまま奔放に過ごすとなれば、その報いはいずれその身に降りかかるでしょう。因果律ともいうが、原因と結果、作用と反作用はまぎれもなく循環の法則があるようです。

◆さてとんでもない男（匿名）　天格21　人格24　地格24　外格21　総格45　（2Hop）

　この名前は最高クラスです。右に行くか左に行くかの判断を間違えると運勢はあらぬ方向に紛れ込む。もし社会に貢献できる事業に手を出していたならおそらく有数の企業のオーナーとなり、経済界にも姿を出し素敵な人生を送ることが出来たと思う。残念なことに歯車がくるってしまった。死刑と言うことは人間失格というレッテルを張られたことです。生者盛衰は世のならいとはいえ善悪の見分けだけは誤らないようにしたいものです。

　話は少しずれますが、死刑は反対です。世界で死刑制度があるのは先進国では日本とあと一、二か国あるだけです。人間の尊厳とは、憲法でいう最高価値基準であるのに、人間が人間を裁くのは矛盾もいいところで決していいこととは思えない。法を定め人間社会を秩度ある生活が出来るよう計らうのは当然のことで、それを犯せば罪を受けるのは当たり前としても死刑だ

けは良くない、この制度、逆に罪悪ではないかと思う。
「雀の子そこのけそこのけ、お馬が通る」と小林一茶
の句にある。松尾芭蕉は小さな虫でも踏みつけては、
いけないからと奥の細道を杖を突いて歩いたが、いず
れも、その心はたとえ如何なる小さな生き物でも傷つ
けることを嫌ったからだと言われている。

　このたび一度に十数人の死刑執行（2018 年 7 月）
にサインをした法務大臣、人並みの人心を持っている
のだろうか、疑いたくなる。デスクに積まれた死刑囚
の書類を眺めるだけでサインをしなかった法務大臣は
幾人もおられます。その心がうれしかったが、今回は
残念です。

　相模原市で 45 人の殺傷事件を起こした犯人は「こ
の世に生きている意味がない人は、死ねばいい」と
言った。それを裁判長もこの犯人はこの世に生きて
いる値打ちがないと死刑の判決を下した。2020 年 3
月 16 日のことである。たとえ立場に裏表があっても、
人を殺めるのは犯人と同罪ではないか。どこか狂って
いるように思えて仕方がない。

　どこの国でもそれぞれの法律に基づいて、こんな判
断をするのだが、神や仏から見れば、おそらく此の裁
判長も許すべからざる大罪と判断するでしょう。

　アメリカのように禁固 100 年とか 200 年の判決を下
してほしかった。

　ちなみに 45 人に及ぶこの殺傷事件は、殺めた 19 人
×10 年＝190 年、障害 26 人×3 年＝78 年加えると収

監268年、この辺が妥当の判決かな。

　厳正なる法律にもとづくと言へども、権力を盾に、死刑などという判決はあってはならないように思うがどうでしょう、見直していただきたいものです。

　俗に地獄極楽と言われることがありますが、それはどこにあるかと問われれば、この世がそうだとしか言いようがないが、もし地獄があり閻魔様がいるとすれば、この世の生き様を裁定してくれるのではないか。死刑だけは閻魔大王に任せようではないか。

　俗に悪で栄えたものは無いという。悪の定義はわからないがこの世に生を受けて、生きとし生けるすべての生き物が、穏やかに日暮らし、動植物の生業は子孫繁栄のため、生涯をいつくしむのが人の生き様のように思う。鮎の牡はメスを追いかけ川上で産卵のおり、エキスを振りかけるのは、あながち魚だけではない、人間とて同じだ。子孫を絶やさない定めが、命運或は本能が厳然とあるからです。霊長類の起源はアフリカで、1億年前と言われているが、それ以後、綿々と雄雌、即ちお父さんとお母さんの営みが今あるあなたや私なのです、この営みは自分が生きるためだけではなく子孫繁栄の心が働かないわけがない。

　少なくとも永遠に繁栄し継続する命を求め続けるのは、動植物全ての定めではないか。

　今、子供が出来ない、或は結婚しない、これはどうしたことであろう、何億年も続いたこの命を自分の代

でこと切れるということは、神か仏の采配かは知りませんが、あなたの子孫はこの世に必要ないというメッセージで、少なくともこの世から抹殺されるということではないか。嘆かわしいことである。

　結婚する若い人に会うと、二人で子供さんが一人とはマイナスだ、二人でプラマイゼロ、三人以上でプラスとなる。ぜひ頑張ってくださいとエールを送ることにしている。

　日本の人口は100年後には6000万人位に減少すると言われている。ちなみに2003年のデータの計算によると日本の人口は、西暦3000年には27人になり。3200年には1人という。産めよ増やせよの時代ではないが、頑張っていただきたいものです。

　いま世界で戦が頻発しています。子供の喧嘩程度なら許せるが、殺し合いは良くない。人の命を何と考えているのだろう。仏教、キリスト教その他どんな教えにも、闘争と破壊の理念は存在していない。インドはお釈迦様のお国でありながら異教徒の争い、昔の比叡山の僧兵や石山本願寺、キリスト教やイスラムの世界にしても本来の教えを間違った解釈しているのではないか。史上最大のテロ集団過激派組織「イスラム国」やイランなどのTopは聖職者でしょう。神に仕えるものが殺人兵器に血道をあげるということは、どのように理解したらいいか。嘆かわしいことである。

　明治天皇の御製に「よもの海みなはらからと思う世に　など波風のたちさわぐらむ」と

全ての人々は皆兄弟だ、争いなどあってはならない、平穏に過ごせる道はないものかと。

ガンジーの思想の根源は「非暴力、不服従」である、少しでもこの考えは持てないものか。ニューヨークにおける同時多発テロ事件など、とんでもないことで、死んで花見が咲くものか。あの世にまたとない楽園があると思うは、人間の錯覚なのか幻想なのか、もしあの世があり、楽園があるとすれば、慈悲と愛と感謝に満ちた生き方をすれば天国の扉は開くでしょうが、破壊を含む悪に満ちた不遜な生き方をすれば、その扉は開かないのように思う。

五木寛之だったか、親鸞が五条の橋の欄干にもたれ道行く人を眺めながら、この人達の中には人を騙したり盗人もいるだろうが、全ての人が極楽浄土に行けるとあった、それを「善人なおもて往生をとぐ、いわんや悪人をや」と言う。だがこの言葉何となく、いぶかしく思う。

キリスト教にしても懺悔（ざんげ）さえすれば許されると言うがこれもおかしい。

仏教の教えにも懺悔（さんげ）と言って、同じことを説かれることがありますが、どんな悪いことをしても、天国に行けるとなれば、何をしても勝手ではないか、とがめられることはないと間違った解釈をしかねない。

両親から授かったこの命、神か仏の意志なのか生涯を共にせよと管理を任された「心」は一人の人間とし

51

て生きる。その心は、体のどこに常駐しているのかわからないが、手に取ることもなく、見たこともない、熟睡している時はおそらく体から離れて宇宙を散策しているかもしれない、姿や形のない、空気のようで摩訶不思議な霊体で、神から何らかの使命を受けてこの地球に派遣された戦士なのかもしれない。

人間の肉体はいずれ滅びて、心は異次元の世界に旅立つ。人の頭脳は「心」の命ずるままに体を操る司令塔の役割を担っているが、知恵の倉庫ではない。脳には引出しがあって知恵がいっぱい詰まっているとしたら、死ねば灰となり完全に「無」か「空」となる。

人の生きてきた証が霧か幻のごとく、なにもかも消えて残らないとすれば、天国あり地獄ありとの考えは無意味なものとなる。

人の心は無限に大きく、人生で経験した生涯の事績と、知恵が心の中のコンピューターに内蔵され、授かった命が朽ちたら、それらを背負って異次元の世界に旅立つ。

天国や地獄が本当にあるかどうかは知りませんが、あるとすれば、自らが過ごした業績は、どこかで裁かれるに違いない。

もし五次元のあの世がないとすれば神社仏閣は存在の意味がない。あの世という世界があると認識しているからこそ神社仏閣をお祀りし、先祖の霊を供養するのではないか。

現世の生き方を正しく社会に貢献し慈悲と愛の心を

持ち、億萬劫と続いたこの命の因縁、すなわち先祖に感謝し、親に孝行する生き方であればいいが、そうでないとすれば、人として生きて来た業績如何で、叱咤されるか処罰を受けるに違いない。

　地獄極楽どちらに行くかは、みずからの生き方で決まるようだ。

　処で因縁と言えば、「宿業」という言葉がありますが、それが良いか悪いかはともかく、代々先祖の因縁を受け継ぎながら続いてきたこの命、どこからともなく降って湧いた命ではないゆえに、先祖や親を無視することはできない。先祖や親と共にいると自覚するところにこそ、生きる力と喜びが芽生えるように思うがどうでしょう。

　そういえば、自由主義国、共産主義国に関わらず、どの国でも高校生以下の教科書で、親孝行することや、祖国を愛し、国を大事にすることを教えていないのは、日本だけのようです。権利を主張するのはいいが、義務を果たすことは教えていない。こんなことでこの国の将来はどこに行ってしまうのだろう。不安であり残念なことだと思う。

「三種の神器」のうち、何故か、鏡だけは伊勢神宮に祀られてある。神前にお参りして、ふと顔をあげてご神体を眺めると、そこに映るのは自分である。あなたの心の中に神はいる、あなたは神の子であるとも言える。「カガミ」の「ガ」を外すと神となる。我欲を捨

て、人をいつくしみ、正しい生き方をすれば、おのず
と願いは叶えられるという証のように思う。鏡だけが
伊勢神宮にある由縁、その心こそ日本神道の神髄だと
考えるのは私だけでしょうか。

　死ねば二度とこんな素晴らしい世に戻ることはでき
ない。弘法大師空海は「苦難を乗り越えこの世で命を
輝かせ、幸せを掴むべきだ」と言った。せっかくいた
だいたこの命、急いで行くところではない、この世で
精一杯頑張ろうと言うことではないかな。世界は一つ、
人類皆兄弟、言い換えれば同期生だ。それぞれが信ず
る如何なる宗教であれ、その心は全ての人権を尊重す
ることにあり、互いを認め合い、譲り合い、人々は手
をつなげば、この世は平穏に過ごせるように思う。

　また「欲」というのも切りがない、これは曲者だ、
あらぬ方向に行きやすい。良寛は「欲なければ一切足
り、求むるあれば万事窮す」即ち欲には際限がないと
いう、そういえば「焚くほどに風がもて来る落ち葉か
な」今の生活に不足なく満足していますよ、という句
もあったようだ。名利にとらわれることなく粗末な草
庵で1500もの句を残し74歳で世を去られた。我々は
なかなかこんな心境になれるものではないが、それで
も互いに、むだな欲張りをせず謙虚に過ごそうという
心構えだけでも持ちたいものだ。

　アフリカの原野ではライオンなど弱いとみれば、挑
み、捕えて食べる、弱肉強食の世界だが、万物の霊長
はそれと同じ生き方でいいのだろうか。この狭い地球、

遠い親戚より隣り近所、長屋住まいの感覚があれば、実に平和な国々となることでしょう。人は周りから助けてもらいながら生活し、社会に役立つ何かをしながら生きる、人の役に立つ奉仕の心、慈悲の心で周りを見渡す心構えが、これ以後何億年と存続し70億人を超える人が住む、この大地である地球への思いやりのように思う。

　姓名判断とは、かけ離れた思いを記しました。ざれごと位に読み流していただきたい。

　田中角栄は「人を信じ、感謝する心があれば、この世に恐れるものはない」と言った。けだし名言と思う。過日ある整体師にお世話になることがあって、お邪魔をしたら壁に「頭で考えるだけでからだが変化する、人の不思議」とあった。「頭」を「心」に変えたら人生は変わるとも読める、命名が如何に素晴らしくとも、それに伴う心の在り方が、生涯の禍福を決めるように思うがどうでしょう。

　人は誰でもたった一度の人生です。素敵な生涯であることを、祈らずにおられない。

　そんな思いもあって、少し寄り道をしました。

第三章　「姓名判断」を考察する

大変古い歴史を持つ占いは約四千年以上さかのぼる中国先史時代の亀甲文字に痕跡を残して以来綿々と継承され殷、周、漢、隋、唐、宗、明、清と時代を経るごとに改良、今日の四柱推命がほぼ確立されてきた。その四柱推命、陰と陽はこの地球の成り立ちの根底にあり、その狭間に生きとし生ける諸々の生物が生息し、しかも春夏秋冬が生育の可否を左右するという、九星、十干、十二支に始まる四柱推命はその生まれた「年月日時間」がその時の天地の推移によって人の運勢が暗示されるとし、生まれた瞬間、人の運命すなわち人生の禍福を斟酌することなく決まっているという。

　生まれた時点で出来る命運表にもとづいて将来を憶測判断するという占術、この日本では一日3000人の出生がある、しかしながら生まれた時間をご存じだろうか、知らないとすれば「年月日」四柱ではなく三柱で判断することになる。するとこの人たちは同じ判断しかできないことになる。しかもこの方の未来はこんな人生ですよと言われたら、いかがですか、未来に向かって精進し勤勉に社会に対応しようとしても決まっている人生、気力が萎えることはありませんか。ここに問題があるように思う、育つ環境や社会の変貌、時代の流れにメスを入れられないことである。何か問題の処理を考えるとき本人の命運表から割り出すがその答えは、判断する人の憶測、推量がまざりあって確かさにおいて疑問が残る。しかも地球の地磁気および緯度経度と時差の違いは中国で生まれたこの四柱推命、

日本の風土の生育に合致しているだろうか。同じ年月日時に日本と中国で生まれた人また北海道と九州で、また双子の人たちは同じ運命をたどるといえるだろうか。

　先天的な能力、才能など千人が千人、一万人が一万人隠された能力才能には一人として同じではない。生まれ育つ風土環境によっても生育のあり方が違ってくる。他に筮竹（ぜいちく）、タロット占い、オラクルカード、人生相談などあるが、同じ先生に日を変えて同じ質問をしたら同じ答えが返ってくるだろうか。

　四柱推命の事を不勉強な私が不謹慎な言い方で申し訳ないが、四柱推命に限らず算命学、密教占術、気学、方位学、手相、姓名判断等にも言えることですが、占いのほとんどは手あたり次第に多くの人々を、検索してきた集積の統計から、割り出した答えが判断の基のようで、それぞれの占術を侮るわけにはいかないところがあるのも事実だ。

　人間の本当の幸福を推量することが、運命学の役目とするのなら、手の施しようのない先天性より、後天的運命を模索することが重要ではないか。

　姓名は生命に通じ、名は体を表す、名はその意味する物と呼び合うときの響きが生涯にわたってその人間を形成していく、そこで考えられるのは命名である。
　三種の神技（わぎ）を含む命名であれば他の如何なる占いに

59

もない「未来開拓志向」という素晴らしい手法である。その名に恥じない知恵が湧き出、或いは援助協力者が現れ時局を乗り越えることが出来るでしょう。世に職種は色々あって3000とも5000とも考えられるが、そんな中で人それぞれ生まれた環境、先天的に備わった才能によって選択する仕事が違いますがどの道であれ、その携わる社会と言いますか職種の中で頭角を現すとすれば素晴らしいことではないか。そんな命名の素晴らしさを名前に検案して名づけ未来に夢を膨らますのが命名及び改名の真骨頂です。格数に潜む摩訶不思議な威力を如何に導き出すか、名付ける折に工夫が足りないと、子供や自分の未来に夢が望めなくなる。命名こそ徒やおろそかには出来ない親として最大の行為である。

　四柱推命などによる判断がいいか悪いかはともかく決まった人生、それが栄達を呼ぶか、堕落衰退を意味するのかそんな中で衰退を弱め、人生を好転させるべくヴァージョンアップさせ、一層豊かにできるよう採り計るテクニックがあるとすれば、当然考慮すべきと思う。それが命名と言うまたとない方策と思う。

　姓名判断は中国唐の時代に出現した姓名判断「名相術」が最初で、日本では明治のころ熊崎健翁が「姓名の神秘」という本を発刊したのが始まりで歴史は非常に浅い、そのせいか思い違いやら勘違いなどあるのでしょう、統一的は判断には程遠く、とらえ方の異なる研究者が交錯しつつ今日曲がりなりにも、形を整えて

来た。

　しかし日常使っている言葉にしてもそうだが時代と共に大きく変化をして来た。明治のころに書かれていた文字は相当改革を加えられてきている。進歩と言うか時代を経るごとに言葉も文字も変化改革されてきていることを取りあえず認識すべきと思う。中国の簡体文字などは少し極端なところがあるが、もともと中国から伝来した文字であるのに日本で日常使われている文字はその字の本来の意味を大切に保存しながら現代にいたっているようだ。英語や中国の簡体文字のように文字が記号化されてくると姓名判断のような絡繰りは発見できないように思う、漢字と言うのは一字一字にその成り立ちがあり思い入れがそれぞれにあるからです。人と言う字は一人では生きられない、助け合うものだと、また親と言う字は木の上に立って子らを見守るとか、それらの文字にはひとつひとつ意味と雰囲気を持ち、故郷があるのです。それが人の名前に成ったときその人の人間像が醸し出され姓名判断の不思議な本質がにじみ出る由縁です。

　そこで命名であるが、陰陽の配置、三才、五行説、重複（不運を招く項に説明しています）など言われることがありますが、名付ける折に面倒なことはさけて単純に格数を中心に考えた方がいいようです。総体的に名前の響きや雰囲気、名の意味する物、実際には難しいが姓と名は出来るだけ調和していることが望まれる。子は10歳位まではその才能や環境によってそれ

なりに成長するが、名前の良し悪しがそんな頃から働きが顕著に表れ始め、歳を経るごとに加速し名の示す働きが具現しオーラが発散するようになり、晩年の生き様として人を作っていくのです。早い人は10歳代で頭角を現すことも、また苦労や災難が多ければ多いほど大きく飛躍するという格数もあれば、出世街道まっしぐらとか、生涯金銭に不自由しない格数、女子なら玉の輿に乗るであろう格数もある。どんなに真面目に精を出しても落ちぶれて晩年はみじめな生活をしいられる定めを持つ格数も、また小さい時からどん底の生活を強いられてきたにもかかわらず中年からか晩年はとてつもなく素敵な人生を送る人、徒やおろそかにできない命名の恐ろしさが年を経るごとに、明確に発揚されるのです。

　配置される文字の格数によって、その％は大きく上下する。格数もさることながら、その配列、文字が意味する風格など人それぞれのオーラが醸成されるであろう。神の細工による先天的な素質は如何ともしようがないが、それでも名前のあり方次第で人の能力才能を大きく上昇させ将来に夢が期待できるよう計らうことが出来るのです。

　この世に生を受けてより自分自身で将来の自分を作らねばならない、そこで名前の果たす役割であるが将来に夢が持てる素敵な名前で、周りに潜むチャンスを確実に掴み取る能力を高めるのです。総格人格地格は吉又は大吉であるほうがいい。それは人生の後半をあ

る程度予想が出来るからである。実際には五格全部を
見て可否の判断をする。要するに名前一字一字からな
る格数の良し悪しだけでなく大きく作用する組み立て
があるのです。

　また女性に限らず男性でも婚姻などにより苗字が
変わったとしてもその人の生まれた時につけられた
名、それがその人の生涯の生業を相当引きずるでしょ
う。しかし、人それぞれでしてと言うのは格数による
判断が良きにつけ悪しきにつけ表に現れるのが早い人、
又相当遅い人まちまちですので、今の自分か、あるい
は誰かを見て大きく間違ってると思わないで、いずれ、
名に潜む兆しが湧き出てくると心する必要があるよう
です。この考え方をおろそかにしないでいただきたい。

　さて、名前などと無関心な人がいる、しかも全く同
じ格数であっても神のいたずらか違った生き方をする。
格数では判断が出来ないことがある。生まれた時すで
に命運と言いますか神から授かっている天性の能力が
人それぞれにある。育つ環境が人の命運を決めること
もある。命名がいかに完璧であっても神の技には逆ら
えない処があって命名にも限界有りかもしれない。と
言って諦めたら人生惨めだ。人には過去と現在と未来
がある、過去の事は肥しにすれど忘れていい、あるの
は何時も現在即ち今この瞬間しかない、その今をいか
に生きるかが人生だと思う、たえず明日の為に生きて
るわけです。その明日に夢があるか無しかでその生き
ざまが違うのです。

「十年一つのことに頑張れば神は必ず褒美を呉れる」と言った人がいた、名前に夢を抱かせる名であるなら今日、いや今、此の瞬間を勢いいっぱい頑張れるというものです。年を経るごとに悪しきを断ち、昇進と信頼を得、家族円満で生涯を穏やかに過ごせる願いを、そして人生の勝ち組になるべく奮闘する。その原動力に研ぎ澄まされた名前の後押しが物を言う。これだけは確かなことだ。

　さて悩み多き人は心機一転、上昇気流に乗り換えるべく改名したらいかがですか。「三種の神技、すなわちHop、step、jump」の技を組み込む名とすれば変化は相当早く現れるでしょう。結果は必ず何らかの形で出てきます。改名したら即名刺を作るとか自分で自分の家に改名した名で手紙を書くとか、とにかく改名した名をアピールすることです。戸籍台帳を変えるのは不可能ではないが相当問題があるようで通名として使用されるといい、芸能界をはじめ芸術家等運気を引き込もうと改名される方は多い、長年使えば必ずその人自身の体となりそれなりに活躍しておられるようです。

　一般的には改名して即変化が現れる人もあるが、それ以上かもしれない。生まれてからの累積、蓄積を排除払拭するのに時間がかかるのです。そこで名付ける折の活字のことだが、古いいつの時代かわからぬ文字で姓名判断すべきという名付け人がいるがおかしい。文字は30年、50年と経過するごとに変化してき

た、もしさかのぼれというなら、どの時代の文字にせよというのか、しかも旧字だというが旧字しか書かない時代に発案、考案された姓名判断がその時でもやはり字そのものの筆数が問題であって、その時代に常用されてた文字の筆数で判断したはずである。

名は戸籍台帳に記載し365日自分の名として何時でも何処でも書く名前が即ちその人自身でありその名が体を表しオーラを形成していくのです。名を判断するのに小細工はいりません、旧字であろうが新字であろうが字の筆数が問題であって、遡る必要など全くなく、あるが儘、常日頃書く其の儘でいいのです、名は体を表す、現に書いてる名、その文字で姓名判断しなくて何とする。

別項でも書きましたが、人の生きざまは「遺伝、環境、努力」で決まるとも言われる。遺伝、環境は宿命とも考えられるが、努力とは無限大とも考えられ、本人の覚悟が人生を左右するように思える。

大工の棟梁の家に生まれ成人して大工の棟梁に、政治家の家に生まれた息子はやはり政治家に姓名判断による格数の配置が悪くともそれなりにその世界で活躍できるのは門前の小僧だからです。本人の天性の才能もさることながら環境や周りが人を育てる、これは宿命とも言え、ごく自然な成り行きだ。

しかし親の七光りがなくとも、とてつもない業績を上げる人、当然のことながら努力あり絶えず研鑽、人に言えない苦難を乗り越えてこられたでしょう、また

天性の才能もあるのでしょう、樋口久子、葉加瀬太郎、北島三郎、辻井伸行、堀江貴文、矢沢永吉、古橋廣之進、つんく、天童よしみ、高橋尚子、松山英樹など前にも多くの人を記しましたが、これらの人たちは格数ばかりでなく絶妙な格数配置（三種の神技）が内蔵されており、成る程と眼を見張るものがあります。

　この書の後半にも記載していますが、手軽に買える本、神宮館発行の「神宮寶歴」をご覧になれば各数字の吉凶がわかります。小生も参考にさせていただいていますが、格数の解説判断にいくつかおかしいと思う節もありますが、おおよそは判断の材料にするといい。またある姓名判断の本の中身は、時代錯誤も甚だしく旧態そのもので、いくつかの根本的な間違いがありますし、しかも筆数表でも間違いが多く必ず辞書などで確認してからにしてください。命名か改名いずれにしても、各格数の在り様で運勢は上昇気流に乗れるか否かの正念場です。最後にこの姓名判断、分析が完璧かと言うと判断が付きかねる人も極く稀にいる。神のいたずらには勝てないようだ、だが数多くの人を分析してきたが、必ず、人は名前に潜む摩訶不思議な力に翻弄されるであろう。

　ある時人生と言うのは丁半博打のようなものだと言ったらすごく叱られたことがあった、しかしよく考えるにこの人と結婚しようか、ここと取引したがいいか、買い物にしても買うか買わずにおくかとか毎日の一事一事が yes か no の繰り返しであると思う。姓名

判断による素敵な名前を持つ人は良い方へ選択する確率が高く、よくない格数を持つ人は悪い方を選ぶ確率が高くなる、そういう良い方の選択が自然にでき、勝ち組に誘導するのが名前に潜む不思議な処だと理解いただきたい。

◇姓名判断に必須の五格とその仕組みについて

　姓名判断は名前を5格に分解し、その数字に秘める禍福で人の生業を推量する。

　天格、人格、地格、外格、総格　以下その仕組みの捉え方。

◇苗字が2文字、名が2文字の時の格数の見方。

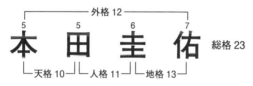

◇苗字が2文字で名前が3文字の時。

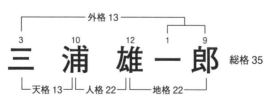

◇苗字が3文字で名前が2文字の時。

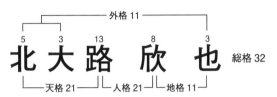

総格 32

◇苗字が2字、名前が1字の時。

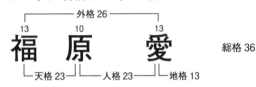

総格 36

◇苗字が1字で名前が2文字の時。

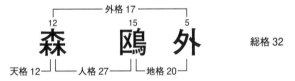

総格 32

　天格　5％（苗字の画数）日頃苗字で呼び合うことが多い。苗字は侵しがたい先祖伝来の名前であると同時に先祖の業績など生業のすべてが凝縮されている様で、その因縁因果は3代或は7代続くと言われることがある、即ち遺伝子として苗字を受け継ぐ子の奥底に、親の生き様をはじめ、先祖の因果が何らかの形で潜んでいることでしょう。姓名判断では憶測も出来ない、DNAのなせる業か。ひょっとしてとてつもない偉人

の子孫かもしれない、おろそかにできない伝統ある一族の苗字である。

人格 23%（苗字の下の一字と名前の最初の一字を加えた数）先祖との接点であるこの人格は、その因縁因果などを含むと同時に才能能力、体力などをも受け継ぎ、名前（地格）に潜む禍福と重なって、仕事、家庭運などに才能を開花させるか否か、主に中年までの生き様を見ることが出来、人生の中核を暗示することになる。

地格 27%（名前の画数）本人の才能を大きく開花させるか、名前に潜む暗示は、健康運を含め、成長の可否など、晩年にかけての生き様を暗示することになる。地格はその人そのものであり、人との付き合いにしても、名前で呼び合うことも多い、その響きは人の値打ちを上げてくれることもあるでしょう。名だけは慎重に付けるべきであろう。

外格 15%（名前の総格から人格を引いた数。但し苗字、名前が一字の折は計算の仕方が違います。前記の格数の仕分け方を確認ください）人間関係、対外的な信用度、援助手助け或は事故などを含め、本人に降りかかる外部からの事象、評判などがあらかた判断できる。この数字は人によりけりですが、親御さんをはじめ先祖の因縁因果が運勢に影響することもある。

総格　30%（名前の全画数）中年以降、特に人生の後半と本人の生涯像を垣間見ることが出来る。この格数だけは吉叉は大吉である方がいい。他の格数が良ければ格段の趣があるが、悪いとすればどうしても足を引っ張ることになりかねない。しかし実際には５格全部を見て判断する。

◆さて天格の５％とは、日常苗字で呼び合うことが多い、苗字は一族を表しそれなりの雰囲気を作る、あの人はだれだれの子だからとか先祖や親の生業がどうしても、一つの評価になりやすい。総格の50％は天格が占め、このウエイトは侮りがたい。相当数の人達の名前を分析してきた結果である。実際には格数は凶であっても気にすることはありませんが、問題は外格の方です。前にも書いたが、外格はどうしても親や先祖の因縁因果を引きずることがありうるからです。

　一説に人の生涯は「遺伝、環境、努力」の三本立てで決まるという。天格は遺伝子「DNA」を意味し、それぞれ先祖の因縁因果を受け継ぐことになるが、人格は成長する折の環境をつかさどり、人為的、後天的に変化でき、地格はどんな思いで人生を過ごすか本人の覚悟が運勢を決めるとする見方である。

　柳生石舟斎は家憲に「昨日の我に、今日は勝つべし」とある。宮本武蔵の五輪の書にも同じことが書かれているが一意専心、日々精進せよということかな。言い換える「今この瞬間そのものが、人生だ」ともいえる。

加えて「三種の神技」を含む名前であるならば運勢をさらに上昇させるべく、強力にバックアップするでしょう。

また「天格は過去、人格は現在、地格は未来」あるいは「前世、現世、来世」とする見方もある。

処で話は少しずれますが、最近親を粗末にする傾向がままあるようです。親は先祖であると同時に因縁ともいえる DNA を伝え継ぐ苗字でもあります。その苗字を粗末にするということは自分で自分を傷つけることになり、すてきな未来が訪れるとは思えない。伝統ある苗字、即ち親をいつくしみ先祖を供養する心があれば、例え名の格数が悪くとも、遺徳か、あるいは先祖の後押しがあり運勢が開花するのは必然の成り行きでしょう。これは生活態度までは覗き見ることが出来ないため、姓名判断を狂わせる要因の一つでもあります。

話を戻しましょう。姓名判断の基本はこの五格の数字とその配置が判断の基です。

その数字は 1 ～ 81 画までを大吉、吉、吉凶相半、凶、大凶のタイプに仕分けしてあって、ほとんどの姓名判断の本は、大同小異はありますがご覧になれば各数字に秘める吉凶が分かります。

小生の姓名判断、分析が完璧かと言いますとごくまれに判断が付きかねる人も居ます。神のイタズラまでは見ることが出来ないようです。しかし数多くの分析の終着であるこの姓名判断、人は名前に潜む数字の摩訶不思議な力に翻弄されるでしょう。

◇数字について

　此の世の始まりに言葉ありき。神と共にありともいう。なお言葉は数字と共にありきではないか。この宇宙のなりたちから、生きとし生ける人間の不可欠の要素であり、この宇宙すべての生育になくてはならない元素のようなもののように思う。

　数字と言えば今日は何日かに始まり何時に起きて会社は何時から始まり、物を買うにもお金の勘定、数字と言うのは日常生活には不可欠のアイテムであり、もし数字と言うものがないと生活のすべてが混乱することは間違いないでしょう。その数字にはそれぞれ個性があり秘められた吉凶があるとすればチョット知りたくありませんか。数字の如何によって人生の禍福を推量する。日本では数霊、言霊（コトダマ）、欧米では数魂、数秘とも言い数字には深い秘められた意味があるという。その数字に対する考え方に諸説あり、姓名判断の折にも苦渋することがある。だが、それではと多くの人を検索して一定の目安をつけるべく数年の年月を費やしてきました、科学者でも数学者でもありません。完璧とはいきませんがその概略を掴み、数字の評価を取りあえず定め寸評を試みたのです。多少の無理があるかもしれません。

　ここで数字の基本である０から１〜９までの、その中に秘められている暗示について。

◇「1」 奥の深い数字の様です、数の基本数、宇宙に存在する全ての始まりであり強い生命力が内蔵され独立繁栄の暗示在り、大宇宙の創生とも考え夜明けを意味する、また純粋無垢と言うか他に侵されることなく第一歩を踏み出すめでたい数字でもある。夢と希望を膨らましてくれる朝日の輝きのようなもので、旺盛な活力ある吉数である。特に11，21，31，41など大吉祥数棟梁運あり推進力あり、如何なる業務に携わろうと挫けることなく前進することでしょう。

この「1」どんな数字と組み合わせようと吉運をもたらす強力な推進力をはらむようだ。

◇「2」 二つに分かれると見、分裂、離別、不安、崩壊を意味する、いい数字とは言えない。この数字は不安定挫折破壊を意味し、どんな仕事をしようとまとまりがなく、友は離反するし家族はまちまち、資産は散逸するは殆ど救いようがない様である。だが二股を制するという言葉がある。それは本人の才能如何にも寄るが、一歩下がって考え行動することに、救いがあるかもしれない。それがこの2に潜む暗示ではないかな。

◇「3」 3本足は鼎（かなめ）ともいい、安定を意味し、しかも太陽に例えられ沈むとも朝になれば必ず昇るごとく不屈の精神が宿ると暗示。創作、生産、人間関係客商売など能力を発揮する。ゆるぎない信念と確固たる将来

への夢を持ち、着実に階段を登る暗示在り。

　他のどんな数字と交わろうとも、この３は秘める力が強く他をリードする働きがあるようだ。例えば格数21は加えると３、格数31は３と１の合体と考えると破竹の勢いを内蔵すると考え、名前にもっともほしい数字の一つである。

◇「**4**」　分裂数、４は死に通じ、破滅、衰退、崩壊など判断ではもっとも感心しない、最悪数の一つ、命名では避けたい数でもある。

　これは２＋２＝４で支離滅裂を意味し、まず救いようがない。２が二つ重なるということは２の悪弊を２倍するということに成り、到底現状維持などとんでもないことで、とことん落ちるべくして落ち込むことでしょう。救いがあるとすれば二ケタの数字の時、片方が１、３、５のような素敵な数字とスクラムを組むことであろう、４の悪弊を若干ゆるやかにすることもあるようだ、それでもやはり問題は残るであろう。

　処が注目すべき数字がある。４は大凶だが、14の時、１＋４＝５となり、抜群の推進力を含む、またとない絶妙の数字に大きく化けることがある、不思議な数字である。
「姓名判断分析とその寸評」でも記していますが、41が大吉であるのに、14を凶とするのは、納得がいかない。ひょっとしてこの14大吉でなくとも吉と評価すべきかもしれない。

◇「5」　富貴繁栄を暗示した数、大大吉、大器晩成型、広い視野と信念を持ち、人にも好かれ束ねる能力ありて階段を登りきるでしょう。財運家庭運とも不安はないでしょう、この数字は人心穏やか、何をしようとまずは成功する、如何なる困難にも立ち向かい初志貫徹の大盛運数である。

　5は基数と言って、1から9の丁度真ん中にあり左右を見極める働きを持ち、しかもお山の大将であるから上り下りの分岐点でもある。だから6以降はどうしてもマイナス要素を含むことになる。ところがどの姓名判断の本でも画数「55」は凶とあるがどう考えてもおかしい。総数55の名前の人を検索したことはありませんので、この考えは当たらないかもしれないが、5＋5＝10、この10を加えると1である。1とすればけた違いに凄いと言える、また55は5の運気が重なるため、上昇気流に乗せるという暗示なのに、どうしたことか、凶の評価しかされていない。この55は疑問を残すことになる。

◇「6」　神仏の数ともいわれ、新約聖書では獣の数字と疑問視されるが人との出会いによって人生を大きく変化させることあり、勝負強さや逆境に負けない精神力、忍耐力がある。「6」この数字は球根を土に埋めれば、いずれ芽が出て必ず上昇気流に舞い上がると、判断する向きもある。この数字は5＋1＝6とし大発展数の組み合わせのため大吉と評価する、天与の

徳を得て、一生安泰、抜群の推進力を保有し、何事も成功に導くでしょう。ところがこの6を分解すると2＋4＝6ともいえる、2と4は凶のダブルパンチである、悪い数字のため内部に何か災禍が含まれているようで気になる部分がある。そこで大吉の要素も多いが吉とした由縁である。処が注目すべき点がある。この2と4、格数に「24」を名前に持つ人を多く見てきたが、金運が付いて回り、女子ならば玉の輿に乗る兆し在りと、何か凄い暗示がこの6には隠されているようだ。

　ところで菊池寛（小説家）「易と手相」の随筆の中に若き頃、湯島天神境内にいた一人の手相を見る易者に冗談半分に見てもらったら30を越えたら栄達し、金銭に不自由しないと言われた。まだ文壇に登場する事など夢にも思わなかった頃の事、だが後年ことごとく的中したように思うとある。菊池寛の名を調べてみたら外格に「24」がある。

　名前にひそむ暗示は、手相にも反映するようで、これは衝撃の邂逅（であい）だ。

　姓名判断では何が起こるか、事態の予測が出来ても、何年先かは読めない、名前に潜む暗示が手相に、さらに人相が追従するようで、三界の輪廻か、起承転結か。序論、本論、結論と言ったほうがいいかな、最初に名前が「起し」であり、秘める暗示を手相が「承けつぎ」、後には人相に「転結」する。ある仏典に、相性、体力、作、因縁、果報、本末究竟という言葉があるがこれらは人生行路のようで、人のなりわいの縮図かもしれな

い。この起承転結の考えは、あながち脱線してるとも思えないがどうであろう。

　人はだれでも、喜んだり悲しんだり、いつどんな時でも心の在り方が顔に出る、しかも晩年になると生涯の事績の度合いが顔に刻まれる。顔の皺一本一本が、人生の履歴書のようで、その人の人柄を表し、実に正直者のようだ。

　（占いについての項にも少し、手相について書き加えております）

◇ 【7】　繁栄と分裂を併せ持つ数。ある数霊の判断では大凶と言うが、機を見て敏、状況の変化に柔軟に対応する能力ありと判断する向きもある。一応半吉と評価しているがどちらかと言うとマイナス要素が多いかな。これは5＋2＝7、5と2は大盛運数と分離破壊の暗示を併せ持つ。西洋の数霊術では7は最悪の数字と評価している。俗にラッキーセブンと言われていますが、アメリカインディアンからと聞く。それは7は東西南北、天と地、中央に自分を置いて数えれば7となる。一面唯我独尊に例えると叱られる向きもあるが、お釈迦さまだからいいが、この世に生を受け環境になじみ生きていこうとする人には、一人よがり、身勝手、自分さえ良ければの意味があるようで、きらう向きがあるようだ。

　そこで迷いに迷って半吉とした。どうしても2のマイナス要素はぬぐいきれない。

◇「8」　八方塞がりを打破し末広がりと忍耐強く根気良さが取り柄、上昇気流の乗る兆し充分在り、5＋3＝8で文句なしの大吉であろう、5にしろ3にしろ大発展数であるこの数字に苦言を呈するなんておこがましい。間違いなく安心立命の大盛運数である。

　処が2＋6＝8の考え方もある、こんなところからか格数28を凶としてるかもしれない。ひょっとしてこの8は5に比べわずかに吉のエネルギーが弱いかもしれない。

◇「9」　究極、孤高、終着の意あり。窮するにも通じ前半良くとも後半下降する、理論的に物事を考え追求し、粘り強く推し進める気力あり、素敵な推進力を秘める数である。だが山も頂上にあれば後は降りる以外ない。これは5＋4＝9と見るべきで、盛運数に支離滅裂なんてとんでもない組み合わせ、才能如何によっては抜群の成果を挙げるが後半落ち込むという縮図であろう。日本アルプスの尾根を縦走し高嶺を見続ける暗示はないわけではないが。どうしてもこの山、降りるしかない。やむをえず吉凶相半とした。

　だが29,39は大吉としているが、9,19の評価は低い、なぜ評価が低いのか理解に苦しむところだ。姓名判断寸評の中に問題提起していますが、19は行くとも読み、1＋9＝10→1＋0＝1となり、他の数字も近寄ることが出来ないほどの絶妙な数字となる。多くの人を見てきたが凄いエネルギーが隠されていて、後押しあ

り大きく飛躍し素敵な仕事をされてる方が多いのも事実である。上昇気流に舞い上がる飛龍の趣が潜むと思うがどうであろう。「14」に似てこの「19」、少なくとも吉と判断すべきであったかもしれない。

この勘定で39はいいが29を見ると、どうも働きが幾分弱く見える。

また49の場合は、四苦八苦とも読めるせいか、ほとんどの姓名判断の本は凶としている、わかるような気もするが、実際にはこれだけの画数を持つ人は少ないため、確証が得難いため本当のところはわからないところもある。

だがこの「9」、宇宙そのものであり、何もかも抱擁する趣があると解釈する向もある。処でこの「九」についてこんな話がある。清の始皇帝は不老長寿の妙薬として9つの穴がある「九穴のアワビ」を好まれたようだ。また第65代天皇、花山法皇が那智山で1000日の修行をされた折にも、このアワビを食べれば延命長寿にいいと、重宝されたという。

$1×9＝9$、$2×9＝18$ は加えると 9、$3×9＝27$ は 9 となる、$4×9＝36$ は 9、$5×9＝45$ は 9・・・以下 $9×9＝81$ は 9 となる。

9以外のどの数字を掛け合わせても、その数字には戻らない。9は全てを包み込むと判断でき、ひょっとしてこの9、何物も近ずくことができない不屈の趣が介在するのではないか。窮するともいうが不思議な数

字である。

◇「0」 0は無であり、無味無臭、無色透明、無為、無知など姿形がないのだから何一つ語るすべはないが、無に帰すという言葉がある。「無より何物も生ぜず」と言われることあり、またある宗教では「無からの創造」などと解釈してるところもあるが、他の数字と交わる時いつも足を引っ張るところがあるようだ。もっとも、頂けない数字の一つ。だが同じ足を引っ張るにしても 1,3,5 すなわち 10,30,50 のとき、凶であるマイナス要素の働きをわずかに弱くすることがある。落ち込むにしても他の格数次第で割と穏やかかもしれない。この辺の判断は少しむつかしい。でも、20,40 だけはどうにもならない。

◇少し話はずれるが、1,3,5,7,9 のような奇数が並ぶ数字は、力強く、偶数の並ぶ数字は、少し弱いように思える節がある。16、24 のように大吉の評価を与える数字もあるが、奇数には何か力強いものが介在するのではないか、そんな気がする。

◇上記の考え方は、姓名判断で吉凶の判断をするとき、各数字の根底に潜むように思う。

◆余談であるが。数字を使うのは人間だけですがその生い立ちはまちまちで、言葉が違えば数字の表示も違

う、古代エジプト数字、バビロニア数字、アラビア数字、マヤの数字、古代中国の数字、ローマ数字、ペルシャ数字、インド数字、チベット数字、クメール数字、ビルマ数字、ベンガル数字など、まだまだあるが、数えるという行為は言葉と共に発達してきたようだ。

　数字の初期には人間の指の数を基礎としたものがほとんどで、百の位、千の位がどの時代にできたのかわからないが、零の軌道を初めて使われたのは、紀元前300年ころバビロニア（プトレマイオス朝）のエジプトで使われたのがはじめと言われているが、数字の表現が今の数字とは全く違っていた様だ。当時の零の記号は現在の０ではなくＷを横にしたような形であったりした。

　またその他各国々で使われていた数字には０の数字が出現するまで空白にしていた様だ。ローマ数字は「０」を表す記号は無かったため大きな数字は表現できなかったが、後年数字の表記において空位を示す「０」の存在が実用性において重要な役割を果たすこととなる。

　そして今日世界で共通して使われている。1、2、3、・・・0という数字はアラビア数字（インド数字とも）と言われているが発生はインドである。インドで使われていた零記号を含む数字と十進法位取りの数字が西欧に伝わりイスラムにおいて少しずつ改良され12世紀ごろヨーロッパに伝わり修正されていった。それまでローマ数字を使っていたが、表記が簡明なア

ラビア数字が広まっていった様だ。

　そしてヨーロッパの文化的・政治的優勢もあって世界を席巻急速に広まった様である。

　ところでアラブ諸国では、右から左に読み書きするため、独自の数字の表現方法を今でも使用してる様だ。

　ちなみに日本ではアラビア数字に漢数字を使用してる。右から左と言えば漢字もしかり、和座敷などに掛ける額など右から書くが、これからの人達は読み間違うのではないかな。

◇占いについて

　人は天地自然の変化を予測したい、自分の未来を知りたい、これは古代から続く人間の切ない願いであろう。常日頃、苦や悩みに翻弄されるのか、つい何かに頼りたくなる。これは人の性かもしれない。

　どなたでも一度は尋ねられたこともあると思いますが、どんな答えが来て、納得されたのか伺いたいものです。占いと霊感は別物だが、どちらも運勢や未来を判断するという点では、共通している。しかもその役割は神の言葉の伝達であったり、人の苦や悩みを癒す、カウンセラーとしての役割があるのであろう。素敵な判断をされる先生もおられると思います。勿論否定するつもりは全くありません。参考にされたこともあったでしょう。当たるも八卦当たらぬも八卦など野暮な言い方をすることがあります、占いとは「裏無い」と

軽蔑の意味も含めて言うこともあるという。これは少し失礼かな。だが科学的に証明された占いはないようです。

　どんな占いでも占い師自身の想念が判断に介入する余地があって、その指針は占う人の経験から諭されることが多い。人生経験の多寡によって答えが違うのはありうることで、占い師自身の人間性が問われることがある。

　占い（宗教、新興宗教にも言えることがある）にはいろいろあって、どの占いを信用されるかは自由ですが、こだわりすぎると、迷路に迷い込むことになりかねない。参考にすれど、それが人生の全てとは考えない方がいいのではないかな。

　占いにはどんな種類があるのか。

　手相、人相、印相、筮竹（算木）、おみくじ、星占い、四柱推命、密教占術、墓相、算命学、夢占い、小ロスコープ（星占い）、運勢歴、夢占い、タロット占い、ダイス占い、風水、数霊秘術、ベェルニベェルニ、家相占い、開運の母「咲月」、紫微斗数、太乙命理、七政命理、九星気学、六星占術、０学占術、誕生日占い、「卜」占い、周易、五行易、ホラリー占星術、水晶占い、辻占い、奇門遁甲、宿曜占星術、血液型占い、易、スピルチュアル鑑定、ルーン占い、霊感による霊視、守護霊交信、姓名判断。

　これらがどんな占いの方策を取られるのか知らない

が、まだまだあるでしょう。

◆占いは、「命、卜、相」この３種類に分けられるようです。

◎　「命」とは運命、宿命等を占う、生年月日や時間や生まれた場所の要素によって、その人の生来の性質、傾向、人生の流れなどを占う。推命ともいう。生年月日、生まれた場所と時間といった普遍的な情報を元に占う。

　　主に「占星術」「天文学」は表裏一体のものと考えて、四柱推命、紫微斗数、九星気学、密教占術、算命学、数秘術、六星占術、誕生日、奇門命理、ホロスコープ、など。

◎　「卜」とは偶然と必然を見い出し、事柄・事態の成り行きを導き出す占い、サイコロやカード、筮竹などで偶然に出た目で判断するが、同じ質問はタブーとされてるようだ。

　　ホラリー占星術、ホラリーとは時間という意味で、その瞬間を占う占術、タロット占い、辻占い、太乙神数、周易、コイン占い、カード占い、おみくじ、ポエ占いなど、今どうあるべきかを問うとき答えは「yes」「no」の答えしかないようだ。

◎　「相」とは姿や形など目に見える事象や環境から、今後の運勢を見る。姓名判断、手相、人相、家相、印相占い、夢占い、風水等今ある姿形を見て判断する。

　以上のほかに血液占い、予言、神託、霊能者、相場師、心理学などがある。

　一説に占星術は古代バビロニアが発祥とされ、太陽系の月や惑星の動きから、占う方式。ギリシャ、ローマを経てその基本的な体系が整ってきたようだ。ギリシャでは天体観測も行われて来た歴史があり、王家や国家のことを占わせてきた。それが紀元前３世紀ころイギリスをはじめ、西欧に伝わりホロスコープを土台にした占星術となった。この占星術（現在では星座の数88座）、太陽、月に12星座の位置に運勢のカギがあるとされ、古くはコペルニクス、ガリレオ、ケプラーなども、占星術と天文学は高度の学問とされ、相当造詣が深かったようだ、ところが地球が宇宙の中心であるというところから始まった占星術が、地動説が確認されるようになってから、従来の占星術に疑問を持つようになり、大きく考え方に変化をきたすこととなる。

　イギリスは占星術大国で占星術専門のお店もあり相当浸透している。ウェールズ大学では修士課程まであり、学問としても相当研究をされているようだ。住民の８割以上の人が、占星術を日常の生活にいろいろと参考にされているという。

　中国では黄河文明に起源があり、元は亀甲占いから易学、風水をはじめ四柱推命、算命学（中国の占星術）など時代を経るごとに、いろんな形で進化してき

た。インドも占いについては、独自の数秘術があり、現代でも、それを学ぶ学校や専門学校もあり習得するのに7、8年掛かるそうで、博士課程まであるという。そのインドでは占星術と手相を組み合わせることにより、相当高い確率を誇ると言われ、多くの人気を集めているという。日本では天武天皇のころ密教の一つ「文殊師利菩薩及諸仙所説吉凶時日善悪宿曜経」という占星術を説く経典があり、それをもとに空海によって「宿曜道」として日本に持ち込まれた歴史がある。

　占いは宗教と関係が深く、神託を伝える儀式であったりした。朝鮮では4世紀頃「占いとしての博打」を取り入れたこともあったようだ。旧約聖書では邪悪な行為として退けられたが、イスラム世界では占星術が幅広く行われ、欧米では各種占いが割と盛んである。

　浄土真宗でも無益な迷信とし否定されているが、平安時代天台宗比叡山延暦寺の高僧慈恵大師の考案でおみくじが漢詩で作られたのが始まりで、江戸時代以降全国どの神社仏閣でも扱われるようになった。おみくじ発祥の延暦寺では僧侶が悩みを聞き、仏前にお伺いをしたりして、おみくじによる暗示を解説してくれるようだ。今でも尋ねる人が多いという。

　7世紀に仏教がチベットに伝来したのに従い、サイコロ占いが、仏教の教えに矛盾しないとして行われ、その占いの手引書まであるという。それ以前から存在した未来を予測する占いが仏教徒の生活様式に取り入れられ、時代を経てもチベット独特のサイコロ占い、

数珠占いなど現在でも生活の一部として定着している
という。日本でも、古チベット語のサイコロ占い文書
の研究で、本まで出ている様だ。

　丁半博打ではないが、サイコロ占いやカード占いな
どによる、人生を左右するかもしれない課題を「yes」
「no」の判断で、どこまで信用してよいか迷う処もあ
るのではないか。自分の人生、他人に任せていいのか。
心を据えてお付き合いしたほうがいいようだ。

※小生の友人で波乱の人生を過ごし、そして今、密教
　占術、算命学、その他祐気取り、方位学、気学など
　手当たり次第に学習し相当の見識を持つ男がいます
　が、今の現況はどうしてこうなのか、また改革発展
　のテクニックに何かいい手立てはないか、そんな思
　いをいろいろの角度から、習得に心を砕いているよ
　うです。最近またまた手相を勉強している。一日か、
　二日で変わることもある手相、指紋と同じで「手
　紋」は世界唯一で一人として同じはない。それだけ
　に難解な処もあるようだ、左手は過去を表し、右手
　は未来を語るという。ところで先日彼が遊びに来て、
　いろいろ語り合ううちに最終的には、人の運勢は手
　相が示す未来の縮図に帰着する、それを読み取るの
　が究極の占いのように思うと言う。過去のこと、現
　在の状況、未来の姿が読めるという。猛勉強の成果
　であろう。手相の師匠のご主人が体をこわして床に
　伏したままであったが、ご自分の手相を見て、来年

の秋には後家になるだろうと言われた。するとどうでしょう翌年の秋、予告通りご主人は他界された。手相というのはそこまで正確に読めるものかと、思うと同時に、一層勉強に励まねばと決意を新たにしたようです。

　ところで「未来開拓志向」ともいえる、姓名判断はその上をいくかもしれない。要するに、如何なる占いも現在と未来を語ることはあっても、運勢を飛躍させる手段はと問うと、その答えは推測や人生訓を並べる答えしか出ないように思うという。それでも何とかしたいと状況を打破するにはと悩むとき、一つには祐気取り、方位学、お水取りなどは即効性があると言われている

　だがこれから先の長い人生、運気を大きく飛躍したり、幸運をつかむには「三種の神技」による命名、あるいは改名は、相当期待できる唯一の手段になると思うと言う。「数字について」でも記したが名前に潜む暗示に追従するように、未来に起こるであろう何かが、右手に現れる。名前というのは如何に大切で在り、未来を語ってくれる道しるべではないか、手相は当然変化する。さらにその生き様は顔に刻まれる。

　いずれにしても、名前というのはそれほど大切である事を改めて、知らしめてくれたようだ。
彼の勉強の成果を小生の手を見て何を語ってくれるか、いつもながら楽しみである。

◆人には**基礎数あるいは宿命数があるという。**

　以下、数字に秘める暗示は「数字について」「画数評価」を参考にしてください。

A　西暦で、例えば1935年6月30日生まれとすれば、1＋9＋3＋5＋6＋3＝27　2＋7＝9　生涯の基礎数は9となる。

　そこで以下、こんな考えもある。

　☆今年の運勢は　2019年　2＋1＋9＝12は1＋2＝3＋「自分の基礎数9」＝12で、さらに加えると3となる、今年の運勢は3と観ることができる。

　☆今日の運勢は　2019年10月19日は2＋1＋9＋1＋1＋9＝23は5となり、自分の基礎数9を加えると5＋9＝14は5で、即ち今日の運勢は「5の日」となる。

　この5、ひょっとして今日は何かいいことがあるかもしれない。

B　マイナンバーの合計で上記のような計算をする、これも基礎数の一つの見方。

C　A＝1　B＝2　C＝3　D＝4　E＝5　F＝6　G＝7　H＝8　I＝9　J＝10　K＝11　L＝12　M＝13　N＝14　O＝15　P＝16　Q＝17　R＝18　S＝19　T＝20　U＝21　V＝22　W＝23　X＝24　Y＝25　Z＝26

　欧米ではこの数字で基礎数を割り出し、人の盛衰も

見ることもあるようだ。

因みに、Hirano Tomoaki は 8 ＋ 9 ＋ 18 ＋ 1 ＋ 14 ＋ 15 ＋ 20 ＋ 15 ＋ 13 ＋ 15 ＋ 1 ＋ 11 ＋ 9 ＝ 149 で加えると基礎数は「5」となる。「獣の数字 6,6,6」に同じことを記したが、ちなみにアメリカ PGA で活躍の松山英樹は「5」、トランプ大統領は「3」。

D　カリオストロ数値変換表による基礎数、この数え方も欧米では利用されるようだ。

　　　「1」　A、I、Q、J、Y
　　　「2」　B、K、R
　　　「3」　C、G、L、S
　　　「4」　D、M、T
　　　「5」　E、H、N
　　　「6」　U、V、W、X
　　　「7」　O、Z
　　　「8」　F、P

　　例　「C」の項にも書いたが、トランプ（Donald John Trump）大統領、この「D」で計算すると 4 ＋ 7 ＋ 5 ＋ 1 ＋ 3 ＋ 4 ＋ 1 ＋ 7 ＋ 5 ＋ 5 ＋ 4 ＋ 2 ＋ 6 ＋ 4 ＋ 8 ＝ 66 は 12 で基礎数は 3 となる。

　　加山雄三（Kayama yuuzou）は 2 ＋ 1 ＋ 1 ＋ 1 ＋ 4 ＋ 1 ＋ 1 ＋ 6 ＋ 6 ＋ 7 ＋ 7 ＋ 6 ＝ 43 は 7 となる。

E　またある数霊判断による基礎数の捉え方。

　　あ＝1　い＝5　う＝3　え＝4　お＝2

か＝1　き＝5　く＝3　け＝4　こ＝2
さ＝1　し＝5　す＝3　せ＝4　そ＝2
た＝1　ち＝5　つ＝3　て＝4　と＝2
な＝1　に＝5　ぬ＝3　ね＝4　の＝2
は＝1　ひ＝5　ふ＝3　へ＝4　ほ＝2
ま＝2　み＝1　む＝6　め＝8　も＝4
や＝1　ゆ＝3　よ＝2
ら＝1　り＝5　る＝3　れ＝4　ろ＝2
わ＝1　を＝2　ん＝3

名前をカタカナ、ひらがな共に上記でみる。濁点などは外してみる。

名前に当てはまる数字を加算する、

「ひらのともあき」は5＋1＋2＋2＋4＋1＋5＝20

この出た数字から文字数を引いた数字が基礎数、

20－「名前の文字数7」＝13、1と3を加算すると基礎数は4となる。

☆　この「E」の項だけは、以下の判定で見てください。

1、大吉　　　　1は万物万象の基本数である。無から有を起こす、諸事の事始めに必須王道の第一歩。
共同、団結統一のリーダー運、名誉尊敬あり目上を敬い下に慈悲あれば大吉祥。

2、凶　　　　　陰性、独立機運なく分離、困苦、破

産、離婚、離散など諸事言動を慎み
円満を期すこと。

3、大吉　　　陽性の吉運、仕事運上昇、物事啓発
し情は豊か、信用は増幅し大吉祥。
人を信じ感謝する心あれば運気ます
ます上昇。

4、大凶　　　諸事障害あり、災禍失業移転起こり
やすく、焦りは禁物、女子は異性関
係に気を付けるべし。

5、大吉　　　一切完備、力強き発展を約束する大
吉祥運、自ら正しき行為ならばすべ
てよし。

6、吉凶相半　集合離散常ならず、権威喪失妨害訴
訟なお病難災禍に陥りやすい。慎重
なれば後半運気上昇。

7、大凶　　　奇狂変化である。損失破財色難内憂
外敵あり、諸事警戒せよ。運気低迷
のピンチ。

8、吉　　　　発展の兆しあり、資産信用増大し一
家繁栄する。失敗病災の憂いもある
が運気上昇。

9、吉凶相半　万物総合完成の兆し、だが頂上に昇
れば後は下るのみ、慎重と和気を持
てば万事吉。

　以上、ここに出る数字に秘める暗示は「数字について」、あるいは「画数評価」で説いています、参考にしてください。

　世にはまだまだあると思うが、この5種、占いとは少し趣が違うが、人の生涯の持ち数というか、宿命数、基礎数に関する考え方を記しました、これらの基礎数で人の運勢を判断する。

　こんな捉え方もあるかと、ご随意にお楽しみください。

第四章　姓名判断画数評価

1. **大吉** リーダーの素質十分。万象の基本数、意志
強固、全く不安材料無し豊かな知性と感受
性に恵まれ、独立心強く他人からの信頼度
も高く、気迫、能力を併せ持ち、富貴長寿
福徳円満の趣在り、目上を敬い、下に慈悲
なれば大吉祥。末尾の一も大吉。上昇気流
に乗る運気を孕むようだ。

2. **凶** 全てにおいて分離の意在り、意思も弱く自
分から積極的に動くことなく、仕事にして
も気力乏しく、挫折しやすく、家族縁薄く
艱難辛苦離婚死別の兆し在り、何事にも慎
重に、健康に気を付け穏やかに周りを見続
けることが大切かな。

3. **大吉** 頭脳明晰で気力、勤労意欲旺盛情緒豊かで
早くから頭角を現す。変化創造の基本数、
自然の恩恵あり。精力的バイタリティ型、
他からの協力もあり仕事、家庭、友人等不
安はなく、強調性に注意すればどんな仕事
に従事しても全く心配はないでしょう。13、
31、33 など 3 と並立するときそれなりの
働きを内に秘めることあり、ラッキーな数
字である。

4. **大凶** 苦難の連続で一所懸命。分離破産の凶数不
運不幸の暗示。依存心強く信用なく金運な
し、家庭運薄く、病気や災難に遭いやすく
どうしても思うように運ばないこと多く、

心配事多く気の休まることないでしょう。不満多くとも外部に八つ当たりしないことが、救いの一つかな。

5. **大吉**　健康でハツラツ人生、好奇心旺盛でエネルギッシュに活躍できる。天恵の幸運を受けて心身壮健福禄長寿の恩恵在り、あらゆる悪弊を吹っ切る暗示在り、温厚で誠実、社交性もあり友人知人多く素敵な人間関係を築けます。開拓精神旺盛であり着実に成功への道を歩み、経営能力もあり事業を起こすなど、確実に自分の地位を上昇させることが出来るでしょう。家庭運にも恵まれ、経済的にも苦労は少ないでしょう、国際人の運もあるようだ。

6. **大吉**　天与の徳を得て一生安泰。性格的には温厚な親分肌で、面倒見がよく人望在りて周囲から信頼され何に携わろうと、順調に進展し紆余曲折があろうが、一面穏やかな性格で人に対する気遣いがあり、援助協力を得て、必ず名声と繁栄を得られるでしょう。質実剛健、心身共に恵まれています。家運を興す。長寿タイプかな。

7. **半吉**　強い意志も強情に注意しないと迷路に迷い込むことあり。社交性あるが協調性ないと孤立しやすい、感覚が鋭くすべてに順調に推し進める手腕はあるが、逆に周りを惑わ

すこともある、何らかの災禍が潜む恐れあるも、万難を排し独立強運があって目的完遂するであろう。人との調和を考え余裕をもって諸事に当たられるがよい。

8. **大吉**　進取の気に富む発展数。強い意志を持ち困難をバネに土台を固め目的を達成する。人と争うこと少なく地道に努力しますから、味方も多く勤勉で努力家、徐々に成功への道を歩み繁栄するでしょう。如何なる難儀も切り開く運を持ち、末広がりで縁起が良く、健康で活動力、特に女性にいい、独断的な所あり行動には注意。

9. **吉凶相半**　他の格数にもよるが特に人格外格にある時、直感力あり繊細な頭の良さが運気を掴み、上昇気流に乗り大成することあるも、後半崩れるおそれ在り。精神面でも気苦労多く、災禍など不運にまみえる兆しあり、慎重成らざれば人間関係不良、親と離別離婚など良くない暗示もわずかに潜む。

10. **凶**　孤独で苦労絶えず、才能あり。飛躍する事もあるが短命貧困病弱孤独の暗示。優柔不断周囲の関係良くない、人を妬むやみ、結婚運芳しくないきらいがある。この10にある「0」は全てを無にする意味があり、物事を成すなどということは、基本的に期待できない。だがこの10、1＋0＝1で何か

運気の潜む趣もある。

11.　**吉**　温和で誠実な性格で人から可愛がられ、健康聡明人柄良く協力者現る。一時的に苦労することあるも堅実で着実に安定した発展をするであろう。起業、廃家を興すなど新機軸を、ただし実家から離れる暗示も在る。大吉と判断できない事もないが、15、21 の大吉に比べると吉の力が、わずかではあるが弱いようだ。

12.　**半凶**　八方塞がりの問題数。何をしてもつまずき易く、中途半端に終始するケースが多い。病弱孤独遭難がついて回り不安定、努力家ではあるが、いつも満ち足りない何かが潜むようだ。12 は加えると 3 となり、発展する気配あり、誠実に行動すれば、運を開くこともあるでしょう。

13.　**大吉**　智謀才覚に富む忍耐数。特に段取りや企画、謀ごとにおいて優れた才覚があり、事業で成功、後半大きく飛躍するでしょう。苦難が大きいほど大いに躍進することあり、抜群の威力を発揮する数字、この「13」、外格、人格にあるが一番いい地格もまずまずかな。女子には少し強くキャリアウーマンの傾向がある。

14.　**吉凶相半**　精神的不安要素在り不満も多く不和を招きやすい。内臓呼吸疾患に注意。子孫に

恵まれず、家庭環境にひずみを醸しだすことあり。但し人格外格にある時、統率力など、格段の働きをすることあり、事業など成果を挙げることも稀ではない。大吉にしたいほど運気の良さを秘めることあり。政治家など特にいいかな。

15. **大吉** 人柄良く信望集めてトップに、数字に強く管理能力あり経営能力充分、不安なし若くから頭角を現すでしょう。順調に成功の階段を昇り、金運家庭運も上々、福徳円満の運勢でしょう。特に地格にある時働きが大きい様だ。女性にこの数があるのは良妻賢母型でしょう。

16. **大吉** 慕われ一匹狼タイプ。親分肌洞察判断行動力ピンチ打破し自己の才能を飛躍させる兆し在り。上下に慕われリーダーとして事を成功裏に導く兆し在り。独力にて新規開拓する運命も併せ持つ。特に凶を吉に変えるほどの強運があり、女性には少しきついかな、晩婚かキャリアウーマンか。

17. **吉** 意志強固にて大志大業をなす、誤解され易い暗示あるも想像力ある仕事に、協調精神を養い慎んでいけば根は吉数だから大きく発展するであろう。天徳による優雅な幸運数。相手の話を聞き耳を傾ける癖をつけるべきかな。

18. **大吉**　智謀の才に富む発展数。仕事面では忍耐強く一つ一つ積極的に取り組み、前進するでしょう。野心家負けず嫌いで切り開く、交友関係を広く人間関係を築けば苦労があっても晩年は安定するでしょう。一面棟梁運でもある。だがこの数、他の格数が悪いと何か異常をきたす恐れ、極まれにあり。

19. **吉凶相半**　生涯孤独短命厄難波乱不吉要素がわずかに潜む、自分に甘く他人に厳しい。だが人格か外格にある時、運気を上昇気流に乗せることあり、直観力あり凄い推進力を秘める趣在り。19は「行く」とも読み、意外に行動力あって如何なる仕事においても成功に導くことがある。だが総格の折は少し心配。

20. **大凶**　厄災が付いて回る。意志薄弱人が良く騙され誤解されやすく諍い絶えず身を崩し家庭崩壊か。病別離不成功不吉の兆しあり、事業など失敗するケースもあり。他の格数次第であるが、意思堅固にして諸事万端に対処すれば吉運が舞い込むこともある。だが晩年孤独が特徴か、生涯大志を抱かず地道に地道に。

21. **大吉**　独立心強く堅実に事を進め事業家で成功。参謀に恵まれ知徳名声を博し繁栄。特に晩年著名人となることも稀ではない。安定し

た生涯であろう。異性問題に注意。女性は結婚など凶運の兆しがあるが、独立独歩の気概があるため、キャリアウーマンとし晩年は優雅な暮らしが待っていることでしょう。

22. **凶** 依頼心強く見栄っ張り、不平不満が多く、選んだ職の中で苦労を伴い自己中心的で孤立し易く全てにおいて、中途半端、病弱無気力崩壊の暗示が介在する。他の格数によっては、ごくまれに金運家庭運ともに吉にもなろう。

23. **大吉** 独自の発想力。努力結晶の大成運数、悪弊を吹っ切る趣在り、いかなる労苦もいとわず苦労の中から身を興す。一匹狼で力発揮独自の道を開き、知らず知らず自分の才能を伸ばし、一代で事業を起こし財を成すでしょう。富貴繁栄の大吉数だが調子に乗らない事だけは注意かな。女子はカカア天下の相。

24. **大吉** お金に苦労しない暗示が潜む。経済的に安定資産家、健康の不安なし財産も出来金銭に何の不自由なく不安材料ない、資産家との縁がありその手助けで大成していくでしょう。女性は玉の輿に乗るチャンスに巡り合うでしょう。晩年も不安なし。運が強いため妬みを買うことがあるかもしれない。

25. **吉**　気が強く協調性に欠けるところがあり、独断で事を進めたりして誤解を招く恐れもあるが、果敢に対処することによって苦難があってもやりきるでしょう、ハッピーエンドの人生。内面頑固苦難を乗り越え晩年は良好でしょう。女性はキャリアウーマンの資質充分。

26. **半凶**　根気もよく粘り強さもあるが、絶えず吉凶の繰り返し、不安定な状況のなか波乱含みの生涯の様だ。才能あるも常に幸不幸表裏一体。大飛躍を遂げる人も居れば失意のどん底に落ちる人も居る。寂しさが漂い、孤独感がひしめくこともあるようだ。だが悪い面ばかりではなくひょっとしての思いもある。

27. **吉凶相半**　英知才能あり、ど根性もある。猪突猛進型で自我が強く中傷を受けやすい。だが苦境を乗り切る何かがあり、和合協調精神があれば運は大きく開けることあり。周囲のトラブルに注意。仮に晩年不遇でもやりきるでしょう。だがわずかに失意の暗示が潜むようだ。経済的に恵まれても精神的に不安定さが残ることあり。それでも吉の要素が多いようだ。

28. **半凶**　離別と不和の暗示。一見柔和で人当たりがいいが感情の起伏が激しく、利害がからむ

と周りが見えなくなることあり。論争裁判に遺産相続、家庭不和なども注意、身内に縁薄く精神的に疲労、波乱変動の暗示が潜むが、一つの業に精進し邁進すれば大きく飛躍し大業を成すことあるも衰運の兆しはまず避けられまい。

29. **吉**　志望をとらえて成功。智謀才覚に優れ大志大業を成す、あらゆる悪弊を吹っ飛ばし、地位財産急上昇。自我を出さないよう。女性の場合は運気が強すぎるため結婚運が悪そう、大吉と評価したいところだが少しばかり減速の要素が潜む。

30. **吉凶相半**　画数の配置如何で行動力、人望ありて大きく成功し格段の幸運が舞い込むことがある。だが自尊心強く思慮浅慮がため、後半浮沈の波が押し寄せ運気低迷する事あり、晩年孤独の趣在り、特に総格は悪弊が出やすい。

31. **大吉**　天性の才能と幸運を併せ持つ。行動力人望ありて成功、中年以降運気急上昇進取発展数。自尊心強く温厚で人情味、人望在り、実力もあり初志貫徹の趣在り、苦労も神からの試練とうけ、着実に改革、再建に力を発揮し大きな成果を挙げるであろう。パートナーに恵まれると一層飛躍、経済的にも恵まれる。ただし、女性には運気過剰、13

に似て強い運気を持つ格数の一つである。

32. **大吉**　棚からぼた餅の強運。一芸に秀でて地位財産をなし衆望を集め破竹の勢いの僥倖運数。苦境に立たされても乗りきるパワーとバイタリティーがある。たとえ土壇場に立たされても、必ずどこからか手助けがあり、幸運が舞い込むラッキー数。

33. **大吉**　強烈な個性と間違いなく上昇気流に乗る強運、帝王運数凄い指導統率人柄秀逸。地盤を固め隆盛繁栄し名声を博すでしょう。病事故不安なし。ただしごくまれに逆転の危険性もあるかもしれない。女性には運が強いかもしれない。

34. **半凶**　地道に地盤を固めいつの間にやら地位財産を築く、人望在りて社会的にも歓迎される。ただしいつも余計な苦労が絶えない数、破産病難招くおそれに短命の暗示もわずかにあるが、杞憂であればいい。

35. **吉**　専門分野で頭角。11、13、15、21、23、39等大吉があれば柔と剛が調和して大成していきます。2つ以上あればどの世界でも名声を博すきらいあり、性格も良く衣食住に不自由することなく幸せな人生でしょう。女子には大吉。

36. **半吉**　努力が報われ大きく飛躍するも、親分肌が災いし災禍を招くおそれあり。足元を固め

るが大切。発展数でもあり金運ともに名声を博すでしょう。だが他の格数が悪いと、もろに悪弊を受けやすい数字である。後家相のきらい。

37. **吉** 旺盛な独立心運、先祖の徳を受け継ぎ信用を得て地位財産を築くでしょう。専門職ＯＫ階段登る発展数ではあるが、わずかに苦渋が潜むかもしれない。

38. **半吉** 特殊分野で活躍大志大業を果たす。想像企画力ある人、精進あれば結果は必ず報われるでしょう。少し控えめな考えが、大成する鍵でしょう。

39. **大吉** 福徳寿を備えた大吉数。人生の当初は不遇か、でも一度運を掴めば権力財産、家庭健康万全。強力な推進力を併せ持つ、女の総格は後家運で凶運数か。

40. **大凶** 自己中心で運勢激変。智謀に優れ大きく飛躍することあるも浮き沈み激しく、支離滅裂惨めな最期の暗示あり、病難離散経済的にも不遇の兆しあり。

41. **大吉** 理性的な実力者。人脈が素晴らしい中年以降頭角表す。積極的行動力あり多数率いて成長。人と出会いが運気を好転、度胸あり確実に頭領たる素養あり。

42. **凶** 能力あるも意志薄弱、困難も夢ばかり見て努力不足男子の大厄数、決していいとは言

えない。ところが 24 の裏返しが 42 で、他の格数配置にもよるが、稀に上昇気流に乗り大きく飛躍することあり。養子縁組良好。

43. **半凶**　お金に不自由する。金策に暮れやすい。利己主義な面があり　欲張り過ぎ虚栄心強く、貧乏くじを引きやすい。だが一面悪いと思えないところもある。

44. **凶**　常に危険と隣り合わせ崩壊につながりやすい、精神肉体に障害や苦労多し。改名すればある程度改善可能か、だが 4＋4＝8、ひょっとしての考えもある。

45. **大吉**　出世街道まっしぐら。生涯一度失敗することあるも初志貫徹。頭脳明晰行動力あり大成功。幅広い人間関係を築くことが可能。

46. **半凶**　発展から転落の衰退人生。確率高い破産崩壊病気事故の兆し、全く違った道で成功するかも、根気よく努力あれば晩年は平穏な生活がのぞめるでしょう。

47. **吉**　運勢独り占めの強運。強い運勢が全てを羽ばたかせる。家庭運も良好。仁徳を得て大いに発展する。

48. **吉**　幅広い人脈で成功、勤勉修養することで衆人より尊敬される。またとない運勢。

49. **吉凶相半**　吉凶の繰り返し、四苦八苦する困難数、争いなど心配事が起きやすい数字。だがひょっとして幸運が舞い込むこと稀では

ない。

◆これ以上は名前にこれだけの筆数を持つ人は稀で検証の実績が少なく吉凶の判断の確証得難く総格以外で判断をする。

第五章　姓名判断分析とその寸評

（お名前から敬称を外しています。お許しください）

　小生の友人にもすごい人がいますが、どなたでもご存じの人を中心に寸評を試みました。だが表向きの活躍は理解できても家庭内事情、親族、友人、サイドワークなど窺うことは出来ないため失礼があるかもしれません。その折は平にご容赦いただきたい。大ざっぱに分析したものですが確率は高いと思います。よく眼を通していただければ、**今までにない画期的な判断の実態を理解いただけるものと思います。なおこの書の眼目は成功へのキッカケを名前に滲ませることにある、姓名判断には絶対とか必ずという言葉はありません、職業の貴賤善悪の判断もありません。**その上で多分とかおそらくはと言う言葉を冒頭に置いてお読みいただくがいい、何故か本音を言いますと姓名判断では人の心の中まで覗き見ることが出来ないため、例え素晴らしい名前でも投げやりに人生を送るか、悪くとも精いっぱい人生を過ごすかで姓名判断を裏返すことは不可能ではないからです。

◇2018年2月の東京マラソンのことだが、当初優勝を一番期待された人は、井上大仁（天格7、人格6、地格7、外格8、総格14）5,6,7,8の4jumpがある。凄い名前である。

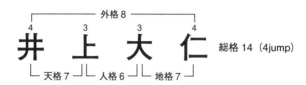

　過去の実績を見れば日本人一位が当然と、だが、わ
ずかに陰りがあってか負けた。格数の配置に問題は無
いが、この14が総格にある時、とかく足を引っ張る
ようで、もしこの14、人格か外格にあれば結果は分
からなかったでしょう。優勝したのは設楽悠太、一億
円を頂いた男である。

　設楽には注目すべきは格数24のhopだ、24はお金
に縁があるという暗示があり、15のhopに総格39は
人柄穏やかにして下向きに試練に耐え、絶え間なく研
鑽に努め成功への道を歩むという暗示在り。三種の神
技でいう2hopはとてつもないエネルギーを醸しだす
様だ。一億円の賞金は当然でしょう。羨ましいことだ。
　いずれにしてもこの両人、jumpといいhopといい
この組み立ては注目に値すると思うがどうであろう。
前にも記したが三角形の頂点に居るということ、どち
らも甲乙付けがたい凄い方です。一層研鑽されること
を祈ります。

◇大迫傑には 2,3,4 の jump, に 2,3,6,7 の step がある。2018 年 10 月シカゴマラソンで 3 位ではあるが 2 時間 5 分 50 秒という日本新記録を出した、三種の神技は嘘を言わないようだ。しかも総格に 24 がある。1 億円を獲得、やはりこの 24 はお金に恵まれるという秘める暗示は侮れない。さらに 2020 年 3 月 1 日の東京マラソンで 2 時間 5 分 29 秒で日本新記録、2 度目の 1 億円だ。やはり jump といい「24」に秘める暗示はさすがと思わざるを得ない。

◆平昌冬季オリンピックで金などメダルを採られた人達の名前を見るに、三種の神技の組立ての人が多いのに驚いた。努力と研鑽のたまものと思う。三角形の頂点が金メダルとすると、その底辺までの人達、数限りなく多くの人がいて、それぞれ相当の苦労と研鑽を重ねておられることでしょう。だが、陰でいくら並外れた努力をしても結果が出ない人はいくらもおられる。そんな中で抜きんでるということは、名前のよし悪しが運命のかじ取りをしてると思う。内に秘めるエネルギーの強弱が結果として浮かび上がる筈だ。名は魔法のようなものです。下積みと言ったら失礼だが、まだまだ素敵な方はたくさんおられるでしょう。そんな方たちの名前もチェックしたい。

◇世界陸上ドーハで 50km 競歩で優勝した鈴木雄介には 16,17 の hop に 6,7,8jump がある。また 20km 競歩で優勝の山西利和には 2,4,6 の jump2 がある。やはりこ

の hop に jump といい、この組立は相当の後押しをしたに違いない。

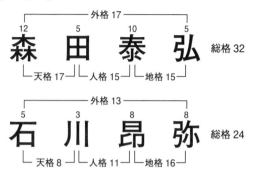

　第 91 回選抜高校野球大会で優勝した東邦高校の森田監督には、15,17 の 2hop があり、しかも総格 32 には棚ぼたの幸運があるなど、無類の名前である。最終戦に 2 本のホームランに加え投手として、大活躍の石川君には 2,4,6,8 の jump2 に総格 24 と言い。階段を駆け登る最高クラスの名前である。絶妙な格数配置のこのコンビ、二人が揃って居たればこそ、あらゆる弊害を物ともせず、優勝という栄誉を勝ち得た様に想える。この hop と jump2 が揃うと凄いエネルギーが渦巻くようだ。他の選手たちの名も窺いたいものです。

　ところで、コンビと言えば三種の神技の項でも触れたが、ソニーの創設者である、井深大、盛田昭夫にもそれぞれ jump2 に jump がある。凄い格数配置の二人がそろうと、とんでもない仕事が出来るようだ。この様なコンビを「黄金コンビ」と思うがどうかな。

　会社なら社長と専務あるいはサポーター、夫婦にし

てもこのような格数配置のコンビであるなら間違いなく、上昇気流に乗り素敵な花が咲き乱れることでしょう。

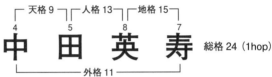

素晴らしい格数配置。智謀才知に優れ大志大業を成すとある。健康聡明人柄良く天与の才能と幸運を併せ持ち、大きく飛躍させる兆し在り。しかも総格に24がある、さらに此の人、後押に推進力がある（15,24はそれぞれ加算して6）のhopに9,11,13,15のjump2がある。経済的にも安定し晩年にかけて不安材料は全くないでしょう。まずはこの配置が最高クラスの名前である、苗字はともかく吉と大吉揃い、これは素晴らしい。

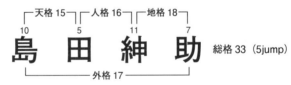

本名、長谷川公彦この名前もすごい。本名にある13は智謀に富む数、24は生涯お金に不自由しないという暗示がある。また6,7,8,9の4jump、その働きは階段を駆け登る暗示があり、しかも総格33は凄い指導力に帝王運数の強運、芸名も本名も揃って最高クラスの格数配置。運気過剰の趣があってか少々の羽目を

外して芸能界を引退しているが相当額の資産があると
いわれ、現在はハワイに屋敷を持ち国内でもいくつか
仕事をしている。50歳過ぎの若年寄りを謳歌し、ま
ずは重畳、重畳。この人の身体にはジェットエンジン
を搭載しているに違いない。軽快な語り口は魅力だ。
このまま埋もれさせるには忍びない男である。

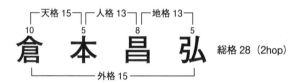

典型的な最高クラスの格数配置。仕事にしてもス
ポーツにしても格段の英知がわき出で携わるどんな仕
事でも必ず信望と信頼を得、特に13、15の2hopは
闘争意欲に爆発力が加味され智謀と才覚に富み、棟梁
運でもある。topかtop3の位置を占めるという暗示。
総格28が少し気になるが、この2hopは運気を2倍
すると考えたい。格数の示す如く確実に不安の全くな
い素敵な人生を歩むことができるでしょう、運気過剰
のきらいがあるが28に含む悪弊を2hopが吹っ切る
ところがあって知らず知らずに上昇気流に乗せてくれ
てるようだ。

　ところでこの2hop。たとへ凶の数字であっても上
昇気流に切り替わり乗り遅れることはないようだが、
上記のような吉ばかりの同じ格数を持つ人に比べれば
減速するか低気圧に豹変することも稀にあるようだ。

2hop（8,8、15,15）この 8 と 15 の数字がとてつもなくいい。

抜群の推進力を持つジェットエンジンを帯同し、しかも 23 好運気を加速させる素敵な要素が全身から溢れてるようだ。オーラが輝いている。どなたもご存じ加山雄三のことを云々する必要はないでしょう。夢のナイスガイだからね。処で同じ格数を持つ町の魚屋さんでしたら、おそらくまたとない人気者で商売も大いに繁盛していることでしょう。

ところで人体から発散する水分の発光現象を撮影する驚異の技術写真「キルリアン写真」がある。80 年ほど前、旧ソビエト連邦で発明された不思議な写真機で、人体を取り巻く発光現象すなわち、オーラが写せるという。

加山雄三を取り巻くオーラは金色に輝いているのではないかな。

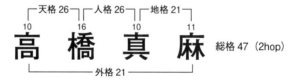

高橋英樹の娘さん、現在フリーアナウンサー、申し分ない名前、この 2hop は働きを倍増させるという趣

きがあり独立心強く、何か事業を起こしたとしても成
功するでしょう。

　知、徳、名声を博し繁栄する。運勢独り占めの強運
の定めあり。大いに羽ばたき仁徳を得て発展する。だ
がこの 26 の hop は幸不幸が表裏一体、病難に苛まれ
る暗示が潜むが 21,47 の強運がカバーすることによっ
て仮に頭をもたげることがあっても小難にして過ごせ
るでしょう。21,47 の位置もいい、素敵な格数配置で
ある。

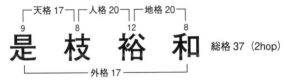

　申し分ない格数配置です。ドキュメンタリー演出家
であり映画監督、17 と 20 の 2hop、ジェットエンジ
ンを帯同し天空に舞い上がるようなものだ。2hop の
凄さをこの監督は如実に示している。日本アカデミー
賞、ブルーリボン賞等受賞多数、又 2018 年度フラン
スで開かれたカンヌ国際映画祭で最高賞のパルム・
ドール賞受賞、ビートたけしに似て一味違った作品。
絶賛を浴びたようだ。申し分ない活躍している方だが、
この「20」一つならともかく、二つあるのは決してい
いとは言えない。不穏な暗示を hop が蹴散らしてく
れるように思うが、それでもなんとなく心配なところ
がある。今後も素敵な作品を期待したいものです。

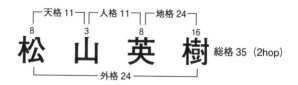

┌天格 11┐┌人格 11┐┌地格 24┐
8　　　3　　　8　　　16
松　山　英　樹　総格 35（2hop）
└──────外格 24──────┘

　Hop には格数の働きを倍増させる働きがある。PGA トップクラスで活躍している人、11,24 の 2hop がある。11 も凄いが、24 は生涯お金に不自由しないという暗示。経済的に安定し健康にも全く不安はなく素敵なゴルフ人生を送るでしょう。過強運の兆しがあるが恐らく心配はないでしょう。人生も有頂天にならないことが肝要かと。この 24 は男女とも資産家に縁があり手助けもあり、間違っても悲嘆にくれることはないでしょう。

◇金谷拓実、大学生、ゴルフのアマでマスターズと全英オープンに出場、まずまずの業績をあげた。15,16 の hop に総格 31、素敵な名前で今後が楽しみな選手である。
◇玉城絵美（14,14,21,21）の 2hop, 工学研究者、未来のノーベル賞候補、コンピューターで人の手を自由に動かすことが出来る装置「ポゼスト・ハンド」を開発、とんでもないことを研究し、世界から注目を浴びている、若くて楽しみな研究者が現れたものだ。
◇大森元貴（Mrs.GREEN APPLE）15,16 の hop に総格 31、この名も最高クラス。さすがです。ライブのチケットなど即日完売など人気抜群のロックバンドの

リーダー。

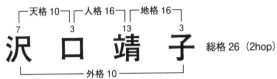

　素敵な役者です。この 10 に 16 の 2hop、人柄は良し上昇気流に乗り何をしようと物に出来る素養が醸成される、役者としては、2hop の後押しで活躍は当然だが、この 16 には男勝りの趣が滲む。しかも人格 10 に総格 26、これは少し問題があるかもしれない。病弱孤独の暗示とか家庭的にさみしさとか、孤独感が漂うようだ。2hop が何もかも払拭してくれると思う。それでも何となく気になる処がないとは言えない。

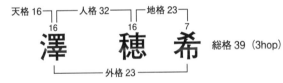

　23,23,32 で 5 の 3hop。此の 3hop はとてつもない爆発力を暗示している。独自の発想力に苦労もいとわず、知らず知らずのうちに力を蓄え、苦難を乗り越え独自の道を開く 2011 年 FIFA 女子ワールドカップドイツ大会で得点王と MVP を獲得。2011 年度 FIFA 最優秀選手賞受賞。日本女子代表では歴代トップの出場数とゴール数を記録している。一代で事業を起こし財をなすことも出来、富貴繁栄の吉祥数、わずかに男勝り趣あり。

◆秘める暗示を倍増させる hop（5,5、13,13 のように同じ格数）が配されてる人達を。

石原伸晃（政治家）

都はるみ（歌手）

堀内恒夫（プロ野球選手）

松田龍平（俳優）

尾上松也（歌舞伎俳優）

設楽悠太（陸上競技選手）

草野仁（ニュースキャスター）

浅田真央（フィギュアスケート選手）

谷原秀人（プロゴルファー）

高橋英樹（俳優）

麻生祐未（女優）

赤塚不二夫（漫画家）

三浦雄一郎（登山家）

平井一夫（実業家）

石原良純（俳優）

寺田光男（つんく）（作曲家）

矢沢永吉（ロックミュージシャン）

夏目漱石（小説家）

桑田真澄（プロ野球選手）

山口洋子（著作家）

不動裕理（プロゴルファー）

福山雅治（歌手）

倉本昌弘（プロゴルファー）

武田鉄矢（俳優）

氷川きよし（歌手）

山本耕史（俳優）

古橋廣之進（元水泳選手）

反町恭平（音楽家）

東山紀之（俳優）

東出昌大（俳優）

長門勇（俳優）

小林稔侍（俳優）

山下智久（歌手）

左甚五郎（伝説の彫刻職人）

中村五月（メイコ）（女優）

松本幸四郎（歌舞伎俳優）

白洲次郎（実業家）

北大路欣也（俳優）

藤井聡太（将棋棋士）

松下幸之助（実業家）

桐生祥秀（陸上競技選手）

村上元三（小説家）

沢口靖子（女優）

樋口久子（プロゴルファー）

辻井伸行（ピアニスト）

平岩弓枝（小説家）

田岡一雄（実業家）

市川左團次（歌舞伎俳優）

三木たかし（作曲家）　　　　　大西信行（劇作家）

板東英二（プロ野球選手)　　　萩本欽一（コメディアン）

中川翔子（タレント）　　　　　舟木一夫（歌手）

福原愛（卓球選手）　　　　　　古谷一行（俳優）

高橋一生（俳優）　　　　　　　岩村明憲（プロ野球選手）

宮里優作（プロゴルファー）　　杉原千畝（外交官）

中川慶子（淡島千景の本名)(女優)　野口みずき（陸上競技選手）

近藤真彦（俳優）　　　　　　　小室哲哉（作曲家）

三船敏郎（俳優）　　　　　　　山本直純（作曲家）

清宮幸太郎（プロ野球選手）　　上川隆也（俳優）

岡田圭右（お笑いタレント）　　樹木希林（女優）

鰐淵晴子（女優）　　　　　　　樋口一葉（小説家）

今田耕司（お笑いタレント）　　王貞治（プロ野球選手）

小松政夫（コメディアン）　　　平野美宇（卓球選手）

中澤日菜子（小説家）　　　　　森山良子（歌手）

南果歩（女優）　　　　　　　　天童よしみ（歌手）

菅田将暉（俳優）　　　　　　　金澤翔子（書家）

中尾彬（俳優）　　　　　　　　土井善晴（料理研究家）

磯田道史（歴史学者）　　　　　小林陵侑（スキージャンプ選手）

吉田輝星（プロ野球選手）　　　渡部暁斗（ノルディック複合競技選手）

新沼謙治（歌手）　　　　　　　紀平梨花（フィギュアスケート選手）

本木雅弘（俳優）　　　　　　　前澤友作（実業家）

さだまさし（歌手、小説家）　　堀尾正明（アナウンサー）

草彅剛（歌手）　　　　　　　　布施明（歌手）

大江千里（シンガーソングライター）　森繁久彌（俳優）

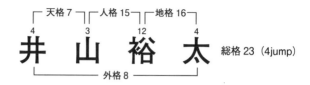

天格 7　人格 15　地格 16

井 山 裕 太　総格 23（4jump）

4　3　12　4

外格 8

　5,6,7,8（以後 4jump）の 4 連続数字は階段を駆け登る暗示在り、才能を伸ばし、特急券を保守して、全てに忌憚なく大空に舞い上がる兆し在りと見る。静にして動を振るい立たせる趣がある。すごい活躍の人生。格数の配置に妙がある。素晴らしい名前である。囲碁の世界で本因坊、名人、棋聖、王座、天元、十段と総なめにしてる傑物。運気過剰気味だが、ある意味で慎重に人生を、災禍に遭うことはまずないであろう。
◇芝野虎丸、10 代で囲碁の名人位、王座を獲得、三種の神技でも書いたが 8,9,10,11 の 4jump、本人の才能もさることながら、この jump の後押しは大きいと思う。

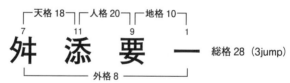

天格 18　人格 20　地格 10

舛 添 要 一　総格 28（3jump）

7　11　9　1

外格 8

　6 か国語を理解し、政治学者でもあり凄い才能能力の持ち主で、国会議員についで東京都知事にもなられ活躍は当然でしょう。名には 8,9,10 の jump があり、すごいです。
　だがこの地格 10 と人格 20 は 40 と並んで凶に秘めるマイナス要素が強く、しかも 28 を 10 と数えると、

「0」が3個となり才能ありて飛躍することあるも焦燥自滅貧困孤独の暗示が頭を出しやすく、jump があって、ある程度ぶり返すこともあると思うが、下降線を辿ることに、波乱変動多く後半特に精神的にも疲労、悲嘆の日々を送られると見る。

脚本家、小説家。直木賞を受賞するなど名を馳せた作家である。天格11、人格12、地格10、外格9、総格21。9,10,11,12 の jump はさすがです。だが、台湾で飛行機事故に遭い亡くなられた。運気過剰もさることながら、この 10,12 という数字はどうしても足を引っぱる処があるようだ。

◇岸田劉生、日本の近代美術を代表する崇高の画家である、13,20 の 2hop があってさすがだが、人格20、外格20 これは問題だ。38歳の若さで他界された。

◇大下容子、テレビ朝日のアナウンサー、7と13のhop があり活躍は当然ですが、この 13 が人格、地格にあるのは、女子には少しきつい、しかも総格20 は苦渋を背負うことになり晩年孤独の暗示もある、この2hop が払拭してくれると思うが、何となく心配である。

◇将棋の天才棋士・村山聖、若くして9段に登りながら 29歳で亡くなられた。1,2,4,5 の 2step があって活躍は凄いと思うが外格に問題の 20 がある。この 20 は

よくない。

　ところでこの 20 に限らず。凶の数字、人によりけりですが、秘める暗示がもろに出るか、遅々としてか、或いは生涯、その暗示に惑わされることのない人もいる。

　それぞれ数字に秘める暗示には、気まぐれな処があって判断を狂わせることがある。

◇ 2002 年 2020 年と 2200 年 4000 年この 2 と 4 の数字も良くない、2020 年の令和 2 年はコロナウイルスにおびえる年となった。2002 年には中国で発生した SARS が世界を席巻。1937 年この数字を加える「20」太平洋戦争の切っ掛けとなった日中戦争の勃発の年である、昭和 20 年は終戦、「0」が 2 つ 3 つとあるのは破壊と分裂を意味し、この姓名判断の観点から言うと決していい年回りとは言えない。「2」には不穏な暗示が潜むようだ。

　その上「令和」の「令」は「0」とも読めて、厳しい元号となるのかな。

　小谷喜美女史、昭和期の傑出した宗教家、石原慎太郎との共書『人間の原点 対話』にある女史が 2020 年は世界を震わす何かが起きるだろうと予言されていた。

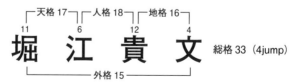

　此の人の格数配置は最高クラスです。このような配

置をひねり出す命名は中々むつかしい。吉と大吉揃い
の 15,16,17,18 と 4jump、しかも総格 33、階段を駆け
登る趣在り。爆発的な発進力を保有し慕われ一匹狼タ
イプ、野心家であり負けず嫌いで諸事を切り開いてい
くでしょう。洞察力判断力意思堅固にして大志大業を
成す、ただし 4 連は過強運、わずかに災禍の暗示が潜
む、つまずいて牢獄に入られたのがこの運気過剰が原
因かもしれない。人生には山もあれば谷もある、その
暗闇を越えられたから今後はおそらく何の問題もない
でしょう、宇宙にも挑戦、テレビにも顔を出しこれか
らも楽しみな男である。

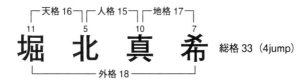

15,16,17,18 の（4jump）、総格の 33 もいい。飛行機
の両翼に 4 基のジェットエンジンを搭載し、しかも後
ろから押し上げ上昇気流に舞い上がる運気がある。人
格の 15 は人柄秀逸、穏やかな性格。山本耕史の奥さ
ん、彼もまた姓名判断ではこの上ない格数の持ち主で
あり、この夫婦またとない家庭生活を営まれることで
しょう、仕事家庭とも順風満帆何の不安材料もなし。
敢えて言うなら 3 連続は何の憂いもないが 4 連続は運
気過剰のきらいあり、心配ないと思うが、間違うと迷
路に迷い込むこと稀にあり慢心しないことがいいかと。

素敵な名前です、3,4,5,6, の連続数字。本名の恒石正
彰には 5 と 10 の hop があり、本名も揃って最高クラ
スの名前である。人に安心感と活力を与えるその声
は「ビタミンボイス」と呼ばれているようだ。紅白歌
合戦、新歌舞伎座など、駆け登るごとく出世街道まっ
しぐら。運気過剰の趣がないわけではないが、本名の
10 と芸名の総格 9 に心配な処がないとはいえないが、
天与の幸運を受けエネルギッシュに活躍し、福徳寿が
備わる人生でしょう。

めきめきと頭角を現す気鋭の俳優。大学卒業後カ
ジュアルバーに就職、バーテンダーとして 6 年勤め、
そのプロ意識も強く、レパートリーは 500 を超える
という、異色の俳優さん、15 は人柄穏やか、11 は新
機軸に挑戦、意思堅固、21 は知徳名声を博すとある。
1,2,3 の jump があり、素敵な役者です。最高クラスの
名前。これからも楽しみな男である。

◆jump この連続数字は確実に階段を駆け登る暗示在り。

氷川きよし（歌手）	三波春夫（歌手）
石田芳夫（囲碁棋士）	大久保利通（政治家）
羽田孜（政治家）	伊吹吾郎（俳優）
鈴木 愛（プロゴルファー）	向井理（俳優）
大原麗子（女優）	宇多田ヒカル（歌手）
米倉涼子（女優）	古舘伊知郎（アナウンサー）
五島 昇（実業家）	本田圭佑（プロサッカー選手）
北島三郎（歌手）	堀江貴文（実業家）
秋山幸二（プロ野球選手）	出光佐三（事業家）
西島秀俊（俳優）	浜 美枝（女優）
ビートたけし（お笑いタレント・映画監督）	星野哲郎（作詞家）
多部未華子（女優）	指原莉乃（タレント）
渡辺麻友（女優）	鳥越俊太郎（ジャーナリスト）
浅野忠信（俳優	森田一義（タモリ）（お笑いタレント）
淡島千景（女優）	西城秀樹（歌手）
林佳樹（YOSHIKI）（ミュージシャン）	岡本綾子（ゴルフプレーヤー）
猪俣公章（作曲家）	金井克子（歌手）
深田恭子（女優）	島田紳助（お笑いタレント・司会者）
畑岡奈紗（プロゴルファー）	森進一（歌手）
大坂なおみ（プロテニス選手）	伊東四朗（俳優）
小澤征爾（指揮者）	米本響子（バイオリン奏者）
片山晋呉（プロゴルファー）	松井秀喜（プロ野球選手）
小林桂樹（俳優）	中井貴一（俳優）
川中美幸（歌手）	香川真司（プロサッカー選手）

山田耕筰（作曲家）　　　　　　工藤公康（プロ野球選手）

ラサール石井（お笑いタレント）　三木のり平（俳優・演出家）

広末涼子（女優）　　　　　　　　堺 雅人（俳優）

黒川紀章（建築家）　　　　　　　太田雄貴（フェンシング選手）

松平健（本名・鈴木末七）(俳優)　　上妻宏光（演奏家）

山崎豊子（小説家）　　　　　　　渡辺直美（お笑いタレント）

大島渚（映画監督）　　　　　　　大竹しのぶ（女優）

細川たかし（歌手）　　　　　　　内田裕也（ミュージシャン・俳優）

岡田准一（俳優）　　　　　　　　東野圭吾（小説家）

村上春樹（小説家）　　　　　　　小林一三（事業家）

吉田沙保里（女子レスリング選手）　三山ひろし（歌手）

ジャニー喜多川（実業家）　　　　松井秀喜（プロ野球選手）

大谷翔平（プロ野球選手）　　　　辻彩奈（バイオリン奏者）

小泉純一郎（政治家）　　　　　　荻野公介（競泳選手）

堤 真一（俳優）　　　　　　　　原田大二郎（俳優）

松本 潤（歌手）　　　　　　　　堀内孝雄（歌手）

水川あさみ（女優）

◇松坂大輔：4,5,6 の jump に総格 32、申し分ない凄い名である。大変な仕事をされて来たのも不思議はないが、格数に 10,22 がある、何か足を引っ張ることにならないといいが。

◇福地啓介君：11 歳 6,8,10 の jump2 がある。チェコのプラハで開催された第 42 回世界オセロ選手権で世界チャンピオン獲得、歴代最年少とのこと。だが総格 34 が少し気になる。

◇岩崎恭子：14歳でオリンピック金メダリスト 12345
の 5jump、けた違いの活躍は当然。

◇宮里藍：7,8,9,10 の 4jump, さすがです。世界ランク
1 位にもなった女子ゴルフの傑物。

◇梅沢富美男：8,9,10 の jump。梅沢劇団の座長をは
じめ、八面六臂の活躍はさすがだ。

◇三浦友和も 4jump 本名の三浦稔には 1hop があり本
名とも最高クラスの格数位置である。

◇羽鳥慎一：フリーアナウンサー 45678 の 5jump こ
の名前もすごい。鰻のぼりの活躍は当然。

◇小生の友人に地格 8 人格 18 外格 19 総格 29 で
8,9,10,11 の 4jump がある。大学を出てから塗料を扱
う会社に就職、入社当初から賞与は全て当社の株でい
ただきたいとし、以後町工場から社株を上場するまで
大きくなった、30 年後には常務となり 50 を超えた時
には社長より持ち株が多くなっていた。退職後監査役
とし晩年は穏やかに過ごした様だ。現在の資産、株価
を換算するだけでも数十億円それ以上かもしれない。
さらに一人、名古屋のある金属会社のことだが、やは
り賞与は全て株でいただきたいとし 30 年後には社長
より株数が多くなり、株主総会で創業者の息子を排除
して社長におさまった男がいる。今はその息子の代と
思うが、退職させられた元社長に聞いた話です。世に
は常識では考えられないことに生涯をかける人がいる
ものだ。これこそ一生を懸命に過ごした証かも知れな
い。

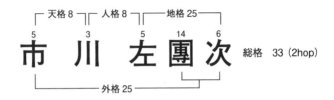

　此の人歌舞伎俳優、8 と 25 の 2hop それに 33。凄い指導統率力人柄秀逸と暗示在り。しかも 2hop は加速させ上昇気流に乗せるという証し、本名の荒川欣也も 11 と 12 の 2hop しかも総格 23 独自の発想力努力の結晶の大盛運数、最高ランクの命名です。本名にある 12 の hop にはマイナス要因があるが芸名と混在することによって運気過剰にならず緩やかにしているようだ、素晴らしい名前としか言いようがない。

　余談であるが此の人、野菜を殆ど食しないそうだ、きんさんぎんさんに似て肉が大好き、草原で育つ牛は野菜のエキスの結晶かもしれない、牛は 1kg の体重を増やすのに何キロの野草を食べるのだろう。冬になれば枯草を食べさせ、馬にしても藁を食べさせる。最近の農家では稲を刈り取った後、藁の需要が少なく処分に困るのではないかと思いきや、藁を細かく裁断し肥料として田んぼに蒔くという、太陽の恵み、すなわち光合成で育った植物は例え枯れてもそれに含む滋養はなくならないのではないか。

　テレビなどで一日、野菜は 350 g 食べよというが、ご飯、パン、うどん、そば、豆腐、納豆、味噌汁や漬物にお茶、珈琲、お菓子等、口に入るほとんどの食べ

物は、元は野菜だと思うが勘定に入れていないのではないか。アラスカなど極寒に住む人たちは青野菜をテーブルに載せているのかな。長いこと点滴だけでの入院生活も、快方に向かって最初に口にするのは重湯である。なぜ重湯なのか、お米こそ体力回復に最高の栄養食であろう、戦後の復興に大きく貢献した人達の中には、梅干し一つの日の丸弁当で国を支えたようにも思える。江戸時代の浮世絵師、葛飾北斎は生涯93回も住居を移転し、その大作の殆どは70歳超えてからだと言われている。彼の生活は緑黄色や魚貝肉類等ほとんど摂ることなく、ご飯に発酵食品である味噌汁にタクワンという粗食で生涯の大半を過ごしたようだ。当時の時代背景から言って、90歳の長寿をまっとう出来たのはこの粗食の生活が要因と思えるがどうでしょう。小生が育った家の隣人に子供の時からご飯大好き、野菜には全く手を付けない婦人がいる、現在88歳だが自転車で飛び回っている。のどが渇けば水がほしい、疲れれば甘いものが食べたくなる、腹が減ればご飯だ、何か不足が生ずれば不足分を欲しがるように人間の身体は出来ている。ある宗教家は「何を食おうと何を飲もうと思い煩うなかれ」と言った。こだわらないことがいいようだ。ちなみに小生、如何なるサプリメントも求めたことはない。毎食テーブルにあるわけではないが、ネギ、玉ネギだけは欠かしたことはない。さてさて今夜の食事は何にしようかな。

◆処で長命と言えば、現代より古き時代にも長生きされた方は結構多い。

　或る古書に日本人で130歳以上の方は3人、120歳以上6人が記されている。

　大進坊祐慶「刀工」1187年135歳

　大路一遵「金龍山広徳寺開山」1518年119歳

　天海「寛永寺開山、政僧」1536年107歳

　寺田無禅「書家」1570年121歳

　初代藤川武左衛門「上方歌舞伎役者」1618年111歳

　随翁舜悦「武蔵宗関寺開山」1626年119歳

　菩提流支「中国、唐の時代」155歳

　許遜（許真君）「浄明道開祖」135歳

　宋美齢「中国蒋介石夫人」106歳

　ジェームズ・オロフィンツィ（ナイジェリア）170歳2014,8,18、生存しておられる。

　ドハクァポ（エチオピア）161歳

　ムバフ・ゴト（インドネシア）146歳120日

　モーゼ「古代イスラエルの予言者」120歳まで生きられたと言われている。

　以上ほんの一部。世には130歳を超える方はまだまだ見えますがこの辺で。

　応神、仁徳など5代の天皇に仕えた武内宿禰（昭和18年発行の壱円券の肖像人物）312歳とも、一説に350歳まで生きたと言われているが、あり得ない話で、これは絵空事でしょう。

　奈良時代の吉備真備は前後4回、中国留学も20年

に及び、鑑真和尚を日本に招聘したり、帰国後、学者でありながら右大臣として活躍し、一面戦術家でもあり国の文化発展に尽力した、当時としては珍しく81歳の長寿であった。

　森光子は生涯現役で90歳を超えても舞台に立った。何が彼女をそこまで駆り立てて来たのか、その生き方はすさまじい。命を懸ける姿で、我々に何かを語り、何かを諭そうとしていたのではないか、長寿には何かをやり遂げなくてはとの思いが一つの要因かもしれない。

　廣池千九郎、法学者でありモラロジーの提唱者である。40歳のころ病に倒れ医者があと数カ月ですと言うのを聞かれた先生は、ぜひお伊勢さんに連れて行ってくれと周りの人に頼み、神前に座りこんで「今書こうとしてる本は必ず世の為人のためになる本のはずです、あと少し命を永らえさせてください」と懇願されたそうです。するとどうでしょう、本を書き終わってもなお10年長生きをされたと言う。

　徳川家康にしても、これだけはやり遂げなくてはとの思いがあって、大坂夏の陣に勝利したのち、その安堵感からか寿命を永らえることなく、その翌年74歳で亡くなられた。

　そう言えばある僧侶が、人は誰でも135歳までは生きられるという。

　だがストレスに過労や暴飲暴食などダメージが大きいし、けがや病に侵されると、現代の医学と違っ

て、対応は十分ではなく早逝される方もいて、平均寿命50歳と低かったのもうなずける。しかし当時全ての住民の記録があるわけではないため、実際にはもっと多いかもしれない。聖職者の記録が多いのはやむを得ないとしても、時代からして、何となく粗食が長寿の原因の一つのように思える。勿論サプリメントなどあるわけがない。

プロ野球の寵児、投手としても打者としても、とてつもない男、1,1、8,8（2hop）発進力を持つこの2hopに8,9,10のjumpこの重なりは一層拍車がかかるようだ、これは凄い。英知才能あり、ど根性があり意思堅固にして大志大業を成すとある。間違いなく大きく飛躍するでしょう。現代の宮本武蔵だ。格数の配置もいいから問題ないと思うが、わずかに運気過剰の趣あり、無謀な考えや体を駆使しないことが大切かな、先々を見据えて慎重なれば大過なく行けるでしょう。さらなる活躍を祈ります。

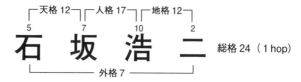

　いい役者ですね。12 の hop に 678 の jump。これは力強い推進力を秘める暗示があります。しかも総格 24 はお金に不自由しないというお金持ちだけに付帯する格数。だが地格の 12 と言う数字が少し気にかかる。他の格数がいいから特に悪いわけではないが 12 が地格にあるだけに八方ふさがり孤独と遭難がちらちらする。たまにつまづく事あるも生来的にいい素質の持ち主、先々の心配はおそらく皆無でしょう。

◇反田恭平、留学先のモスクワから帰国後のツアーで、クラシック愛好家を魅了した、最もチケットが取れない人気のあるピアニスト。9,15 の 2hop に総格 24 がある。

◇天才ピアニスト野田あすか、7,7,8,8 の 2hop、6,7,8 の jump に 24 がある。さすがです。

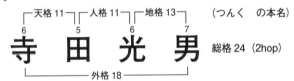

　この名前は最高、11 と 13 の 2hop。総格の 24、とんでもない凄い名前である。つんくの名もいい、ジェットエンジンを搭載し智謀才覚に富み起業、廃家を興すなど新機軸を開き大飛躍の暗示がぷんぷんしている、音楽界の巨星の一人。名前が良すぎるため運気過剰のきらいあり。何の変事も起こらないといいが。

　それにしても、こんな凄い格数配置にあやかりたいものだ。

◇YOSHIKI、本名は林佳樹で総格 32、格数配置がいい、つんくと殆ど同じ判断でいいようだ。

◆格数 13。頭領運であり智謀才覚に富む忍耐数、特に外格人格地格の時は働きが大きいようだ。処が 21,31 にも言えるが男にはほしいが、女子には少しきつ過ぎて、キャリアウーマンの趣はあるも、離婚など思わぬ道が訪れやすい、避けたほうがいいようだ。

本田圭佑（プロサッカー選手）	中嶋一貴（レーシングドライバー）
山本直純（作曲家）	岡崎慎司（プロサッカー選手）
村田英雄（演歌歌手）	徳川家康（戦国武将）
鈴木愛（女子プロゴルファー）	池波正太郎（小説家）
吉田大助（ライター）	川上哲治（プロ野球選手）
王貞治（プロ野球選手）	伊東四朗（俳優）
金田明夫（俳優）	谷川浩司（棋士）
中山泰秀（政治家）	山本周五郎（小説家）
山下耕作（映画監督）	東出昌大（俳優）
黒沢年雄（俳優）	御木本幸吉（実業家）
石川啄木（歌人）	木下恵介（映画監督）
金谷伊太郎（初代笑福亭鶴瓶・落語家）	糸井重里（コピーライター）
平岳大（俳優）	寺田光男（つんくの本名・音楽家）
住田知仁（俳優、風間杜夫の本名）	川中美幸（演歌歌手）
山下泰裕（柔道家）	中村吉右衛門（歌舞伎役者）
岡本太郎（芸術家・画家）	山下真司（俳優）
藤本佳則（プロゴルファー）	宅麻伸（俳優）
原江里菜（女子プロゴルファー）	武井咲（女優）

小平奈緒（スピードスケート選手）　土屋太鳳（女優）

吉川晃司（ミュージシャン）　　　谷川真理（マラソン選手）

本田宗一郎（実業家）　　　　　　金子修介（映画監督）

村上弘明（俳優）　　　　　　　　高橋尚子（マラソン選手）

北島三郎（歌手）　　　　　　　　浅野ゆう子（女優）

横峯さくら（女子プロゴルファー）　真田幸村（戦国武将）

内村光良（タレント）　　　　　　香川真司（プロサッカー選手）

中田英寿（プロサッカー選手）

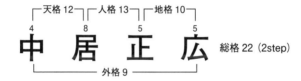

　此の人の格数配置は決していいとは言えないが注目すべき配置がある。それは 12,13 と 9,10 の 2step、これは hop に似てジェットエンジンを搭載してるような趣がある、特に 13 の数字は智謀才覚に富む暗示があり、誰よりもリーダーとしての資格ありとする格数、しかも闘争心むき出しの感がある。素晴らしい名前であるには違いないが、10 と 22 の格数は今後なんらかの形で足を引っ張る趣がある、又家族のことかあるいは災禍を伴うかもしれない、お体に気を付け穏やかに、なお慎重に人生をお過ごしあればと思う。

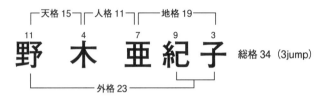

5,6,7 の jump がある。「獣になれない私たち」で向田邦子賞を獲得した、気鋭の脚本家である。脚本家にデビューしたのは 10 年前というが、その時すでに向田邦子賞を狙っていたという。これまで多くのヒットするドラマや映画などの脚本を手掛けてきた、人気作家である。11,19,23 といい、素敵な格数揃いである。ところで総格 34 に、わずかにマイナス要素があるが、後がいいから恐らく心配ないでしょう。これからもいい作品を。

凄い名前だ、5,5 に 7,7 の 2hop、その上 3,5,7 の jump2 も見ることができる。しかも人格 14、総格 21 など王道を歩いているのに何の不思議もない。だが本名の吉田芳美もいい名前だが人格 12 が少し気になる。12 には。病弱孤独遭難の暗示が潜む、総格 21 は大吉だが女子にはチョットきつい、他の格数のバランスがいいから何の問題も無いようだが、本人にとって、満

ち足りない何かが潜むようにも思える。いずれにしても凄い歌い手だ。

8,9 と 16,17 の 2step。間違いなく急上昇の運気を持つ、12歳で歌手デビューし天才少女歌手と言われて以後、歌謡曲、映画、舞台などで活躍し、自他ともに「歌謡界の女王」と認められる存在。昭和の歌謡界を代表するまたとない歌手の一人である。女性として史上初の「国民栄誉賞」を受賞、本名加藤和枝には 3,4,5jump がある。これも凄い、愛称「お嬢」。亡くなられてから30年くらいたつのに、いまだ「お嬢」の歌は歌手を志す人、聞く人の心を揺さぶって仕方がない。ところが全ての人とは言わないが、ひばりの「り」この「り」が名の最後にある人は何事も流れやすく家庭生活などに不安が滲むこともあるようだ。

◇三人娘の一人、江利チエミ（歌手）天格13、人格10、地格9、外格12、総格22。4の hop。

大原麗子（俳優）天格12、人格28、地格22、外格6、総格34。3,4,6,7の step があり、すてきなお仕事をされて来たのは事実ですが、格数に 9,10,12,22,28,34 等、芳しくない数字が多すぎるため、救いようがなかったようだ。長く続かない結婚、最後は寂しい孤独

死でした。ご冥福を祈らずにはおられない。

俳優、タレント、テレビドラマ、舞台、CM、バラエティー番組、特に最近司会者としての活躍はすごい。人柄の良さでしょう、軽快な語り口は魅力がある。特に地格15、総格の32など、配置がいい。しらず知らずに才能を伸ばし、福徳寿備わり無類の大吉祥数とみる、運気過剰の趣がないわけではないが、2,3,5,6のstepは今後一層輝きを増すでしょう。

天格の9はともかく。8,9、13,14（2step）この並びはhopに似て22に潜む不吉な暗示を吹っ切り抜群の推進力を発揮し順調に階段を登り大成するというあかし。アメリカで大活躍は何の不思議もない、格数だけを見ると決していいとは言えないがこの2stepが本人の才能もさることながら人格の14と共に強力なバックアップがあり上昇気流に乗せるというあかし。だが総格22の暗示が気になる。処で将を旧字の將とすれば、5,6,8,9のstepとなり、総格23で申し分ない名となる。もしこちらでサインしておられるとすれば、更

に一味も二味も違った活躍ができると思うが、どうでしょう。

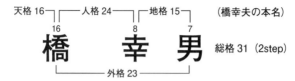

芸名の橋幸夫は 12,20,28 と全く救いようがない。芸能界で歌と役者、プロデューサーと八面六臂の活躍ぶりは全く見えて来ない。本人にとって手の届かない何かが漂う思いがあるかもしれない。ところが本名がとてつもなくいい。15,16、23,24（2step）しかも総格 31 これは凄い、本名はもともと生涯引きずるところがあるが、人により弱く改名で大きく飛躍する人もあれば、本名が桁違いにいい名の場合はその秘めるエネルギーが体に蓄積され活躍の原動力になって生涯維持し続けることもあるようだ。これからもいい仕事を !!

山下清画伯の再来と言われている奇跡の天才画家、染色体が一本多いダウン症患者であるのに、30 歳位から描き始めた、孔雀、お地蔵さんなど展覧会を開くたびに脚光を浴びている気鋭の画家である。同じ病の書家金沢翔子と共にこの世界で大きく羽ばたくでしょう。総格の 26 がこの病の原因とは思えないが、ます

ますの活躍を期待したい。

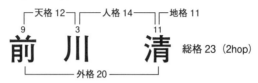

申し分のない格数配置だ、2,2,5,5 の 2hop がいい、それに人格の 14 と総格の 23、不穏な災禍を招く暗示を吹っ飛ばしてくれる趣在り。しかも上昇気流に乗せるという抜群の推進力を持つ暗示がある。処が問題にすべきではないかもしれないが、外格の 20 が少し気になる、hop が悪弊を払拭してくれると思うが、何か変事があるようにも思えるし、本人の心には今一歩手の届かない何かがあるような気もする。一層の活躍を祈る。

娘さんの侑那さんには 2step があり素敵な名である。おおいに活躍されることでしょう。

◇古手川祐子、12 の 4hop は凄い。12 には変な暗示があって、少し引っ掛かるが 4hop が吹っ飛ばしてくれればと思う、何をするにも面倒がらずに処理するようにすれば。

◇滝廉太郎、26 の 3hop。明治の西洋音楽黎明期における草分け的な存在、代表的な音楽家、惜しむらくは 23 歳で亡くなった事、26 が原因か、運気過剰がもろに出たようだ。

◇清塚信也、天才ピアニスト、天格 23 人格 21 地格 12 外格 14 総格 33、55 の hop があり、専門分野で頭

角を現わすという、申し分のない名前である。母の厳しい教えで今があると言う。子供のころ朝5時には起こされ眠るのはいずれゆっくり眠れる、学校の勉強も大切であるが、あなたには才能があるのだから音楽だけに集中しなさい、将来素敵な人生が約束されるはずと。子供の才能を見つけることもさることながら一つのことに集中することが、いかに大切であるかを教えてくれたという。

◇浅丘ルリ子の本名、浅井信子。12、13の2hop。芸名もまずまずだが本名が凄い。

◇鈴木愛、プロゴルファー、8の3hop これはすごい、活躍は当然。だが総格30が少し気になる。

◆4hop以上の数字を持つ人は運気過剰の趣在り、すべての人というわけではないが上昇気流に乗る兆しは充分あるも、苦悩を抱える趣がわずかにあるかもしれない。

20,21,14,15の2stepに、総格35、専門分野で頭角を現し、どの世界でも名声を博す暗示がある。さすがです。芸能界を引退する前は歌手、タレント、俳優として活躍し、活動期間はタッキーの愛称で慕われた。現在ジャニーズ事務所の副社長として後輩の育成に翻弄してるようだ。剛腕の異名もあり、カミソリ・タッ

キーと呼ぶ人もいる。

　さらなる活躍を期待したい人である。

◆ 1step では変化は認められないが 2step の人は幼い頃から頭角を現す人が多い。

　天才棋士・村山聖 2setp もそうだが、サッカーの麒麟児 15 歳の久保建英、地中海カップ U-12 で得点王、MVP 獲得。11,12,17,18, の step があり外国からも注目されている、天才サッカー選手である。南谷真鈴、登山家。19 歳で世界 7 大陸の最高峰を制覇、16,17 と 22,23 しかも総格 39。男勝りはぬぐえないが、凄い活躍は何の不思議もない。張本智和は卓球選手で 13 歳。16,17、19,20 の 2step。世界ランク 6 位の水谷隼を破る快挙。美空ひばりも 8,9,1617 の 2step、12 歳で歌手デビュー。高校 1 年の時ゴルフツアーで優勝した勝みなみには 4,5,8,9 の step がある、楽しみな選手である。石川啄木には 8,9,13,14 の 2step がある。

◇以下 2step の人達は前にも記したが、一味違う素敵な方たちが多い。

原辰徳（プロ野球選手）	井山裕太（囲碁棋士）
西田敏行（俳優）	五木ひろし（歌手）
仲代達矢（俳優）	高梨沙羅（スキージャンプ選手）
京田陽太（プロ野球選手）	久保谷健一（プロゴルファー）
山田洋次（映画監督）	谷崎潤一郎（小説家）
浅野和之（俳優）	辻 一弘（メイクアップアーティスト）

衣笠祥雄（プロ野球選手）	勝みなみ（女子プロゴルファー）
田原俊彦（歌手）	酒井美紀（女優）
合田雅吏（俳優）	御木本伸介（俳優）
藤田まこと（俳優）	森田理香子（女子プロゴルファー）
天童よしみ（歌手）	石川遼（プロゴルファー）
中村玉緒（女優）	杉本健吉（画家）
豊田喜一郎（事業家）	星野哲郎（作詞家）
北方謙三（小説家）	池波正太郎（小説家）
美空ひばり（歌手）	御木本幸吉（実業家）
火野正平（俳優）	若林舞衣子（女子プロゴルファー）
小林麻耶（アナウンサー）	西城秀樹（歌手）
阿川佐和子（エッセイスト）	関口知宏（俳優）
谷幹一（俳優）	稲尾和久（プロ野球選手）
石川啄木（歌人）	古谷一行（俳優）
伊達政宗（戦国武将）	衣笠祥雄（プロ野球選手）
杉本高文（お笑い芸人、明石家さんまの本名）	檀れい（女優）
菊池絵理香（女子プロゴルファー）	松平健（俳優）
小林浩美（女子プロゴルファー）	堺正章（俳優）
野村萬斎（能楽師）	池波志乃（女優）
市川昭介（作曲家）	大迫勇也（プロサッカー選手）
司馬遼太郎（小説家）	勝新太郎（俳優）
山本圭（俳優）	杉原千畝（外交官）
葉加瀬太郎（バイオリニスト）	松山千春（シンガー）
阿久悠（作詞家・小説家）	

◇鈴木宗男、天格17 人格12 地格15 外格20 総格32
で 2,3,5,6 の 2step がある。

素敵な政治家には違いはないが、12,20 に秘める暗示に苦か災いがうろうろの趣がある。

◇ピエール瀧（本名・瀧正則）、本名芸名共に 2step があって凄いが、9,19 に 28 の位置からして少し問題がある。苦か或いはトラブルがうずき出す気配がある。

◇ところで稀勢の里、本名の萩原寛には 2step があり、横綱まで登るのに何の不思議もないが、四股名の総格 34 の暗示に、苦労絶えず病難を招く恐れありと。

◇ 34 といえば、高杉晋作は坂本龍馬らと共に激動の幕末に名を遺す風雲児である。天格 17 人格 17 地格 17 外格 17 総格 34、これは 17 の 4hop で間違いなく過強運、しかも総格 34 には病難を招く恐れありとある。おしむらくは 29 歳、肺結核で亡くなられた。

　その他 34 の人、大久保利通、木曽義仲は別枠としても、藤田朋子、岸部一徳、黒川紀章、佐藤B作、枝野幸男、美村美紀、荻野由佳、渡辺謙、薬師丸ひろ子、水野真紀、この人達、体調の事かどうかわからないが、満ち足りない何かを一つ二つ抱えて居られるかもしれない。

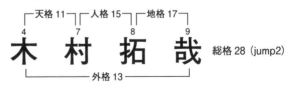

　いい格数配置、2,4,6,8,10（jump2）の五段跳び、三種の神技の jump の仲間で、この配置を醸しだすのは至難の業だ。半端な名前ではない。上昇気流に乗る凄

い数字の羅列、仕事など順調に階段を駆け登るでしょう。智謀と才覚に富み、人柄良く事業家としても大きく飛躍すると見る。金運家庭運とも上々でしょう。だが総格の28が少し気になる。離別と不和の暗示がある。精神的にも疲労しやすく何かの形で重荷となるようだ。兄弟とも親友でもあるグループの解散がこの意味かもしれない、すてきな男です、一層の活躍を祈る。

◇萩野公介、4,5,6,7,8の5jumpこの名も凄い、少し過強運だが素敵な人生でしょう。

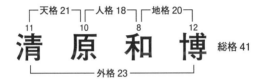

超有名な野球選手、5のhopがあり、総格の41、他18,21,23と申し分のない格数の配置だけに凄い活躍をされたのも当然ですが一つだけ問題の20が地格にあるのが気になります。心配ないと思うがこの20は地格だけに姓名判断でいうと判断の基準が27％ぐらい相当のウエイトを占める、この数字は一時良くとも厄災不成功の兆しがあり生涯に何らかの形で立ち塞がることがある。堅実に生きられることを祈りますが特に晩年は孤独が特徴か。

◇チョット失礼、2019年1月2日、TV放送された○○○和博は地格20。東京渋谷で8人をはね、暴走事故を起こし逮捕された。やはり20という数字は何かアクシデントが潜む様だ。

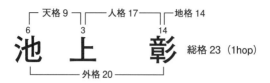

天格 9 ── 人格 17 ── 地格 14

6　　　3　　　　　14

池　上　　彰　総格 23 （1hop）

── 外格 20 ──

　格数配置は良くない、9,14,20 とよくない格数があ
る、その暗示が頭を出さないとは言えないが、お仕事
は目を見張るような活躍ぶりである。単純な判断では
格数に混在する暗示からは上昇気流に乗る要因は見え
ないようだが、総格 23 など一匹狼で知らず知らず自
分の才能を伸ばし全ての悪弊を吹っ切ると暗示、この
14 も位置からして少し問題だが不思議な数字、また
17,23 には精進し努力する人だけを後押しし報われる
という暗示が潜んでいるようだ。生まれながらの才能
もあり、どんな世界でも大きく飛躍されることでしょ
う。だが外格 20 に潜む暗示に心配な処がないわけで
はない。

天格 8 ─人格 13─地格 15　　　　天格 8 ─人格 13─地格 12

8　　5　　　10　　　　　　8　　5　　7

金　正　恩　総格 23　　金　正　男　総格 20

── 外格 18 ──　　　　── 外格 15 ──

　北朝鮮の労働党委員長、格数で判断するに最高クラ
スの命名。親の七光りもあって委員長として Top に
君臨するのに何の不思議もない、彼の国では当然のこ
とであろう。だが正男の名は相当悪い、総格に 20 地
格に 12 これは救いようがないというより正恩に太刀
打ちできる名ではない、あの忌まわしい事件は起きる

べくして起きたかな。

長　門　勇　総格 25（2hop に 7,8,9 の jump）

素敵な役者である。本名の平賀湧には hop と jump2
に 25 あって申し分のない格数配置、すごい名前であ
る。一匹狼タイプ意思堅固にして自己の才能を飛躍さ
せ大志大業を成す兆し。本名と芸名共にいい場合は間
違いなく大きく飛躍されるでしょう。3 枚目が多いが
この人の出る映画は和やかでほほえましい図が蔓延し
ている、いい男です。名は嘘を言わない、単純な姓名
判断ではこの 9 が障害となって首をかしげる判断も出
るだろうが全く問題ない。
◇火野正平、西田敏行には 2step がある、本人の才能
もさることながら抜群の推進力を秘める名である。お
茶の間のドラマには無くてはならぬ貴重なキャラク
ターである。

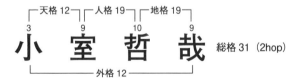

小　室　哲　哉　総格 31（2hop）

音楽界稀代の重鎮、凄い活躍である。オリコン
チャートで首位を独占するなど史上初めてという記録
を持つなど、とてつもない男である。2hop に総格 31
は Top に舞い上がる要素充分である。処が 19 は舞上

がる力に変化してるが、外格12（凶）が、吉である
なら何の問題もないが位置からして、足を引っ張る処
があって少し心配。

優勝回数113回を誇る日本のゴルフ界きってのスー
パープレイヤー、今日の隆盛を青木功、中嶋常幸と共
に AON 時代を築いた凄い男。しかも3と6の2hop、
業績からして何の不思議もない。しかも総格33、強
烈な個性と帝王運数、人柄秀逸。だが外格12が少し
気になる。殆ど問題ないと思うが、孤独遭難の兆し八
方塞がりの暗示わずかに在り、中年以降落ち込むこと
稀にあり、事実は分からないが晩年安易な生涯をお暮
しになることを祈る。

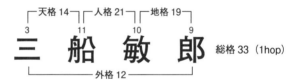

いい名前だ。19 は 1、21 は 3、14 は 5 と数えると
1,3,5 の jump2 となり、その上 3,3 の hop、しかも総格
33 は福徳寿が備わり、強烈な個性と帝王運数であり
凄い指導統率力、その上如何なる弊害も物ともせず階
段を駆け上る jump2 があり、無類の大吉祥数。Top
に躍りあがる推進力がある、素敵な才能もあり、また

とない名優であるのに何の不思議もない。ところが外格12が原因なのか、わずかに苦渋する兆しがあって、晩年の勝新太郎の自主作品、三船敏郎の撮影所建設という俳優と社長業は同居しなかったようだ。

◇少し話は違うが、人間とは、不思議な生き物で「欲」という厄介な物が心の片隅にあって、さらにもう一つという思いが、時として思わぬ道に紛れ込むこともあるようだ。

　武田信玄の遺戒に、勝負のこと、6・7分の勝は十分の勝利なり、8分の勝ちはあやうし、9分十分の勝ちは大負けの下作りなり、危険であると常に6・7分の勝ちを越さなかった。

　何事も余裕を持ち、腹八分にも通ずる、ほどほどが上等ということかな。

◆格数に12があるとき、加えると3で素敵な暗示が潜むようにも思えるが、34に似てこの12はどうもおかしい、他の格数次第ではあるが、マイナス要因がウロついている。

◇将棋の羽生善治には地格20が少し心配だが、外格14人格17総格31等のようにすごい格数がある上に、先祖の遺徳かDNAのなせる業か、三種の神技の格数配置にとらわれないのに、いい仕事をしておられる。名人、棋王、竜王など永世称号を総なめにしてい

る。国民栄誉賞、紫綬褒章など受賞、将棋界の偉人である。一面イチロー（鈴木一朗）に似た判断である。

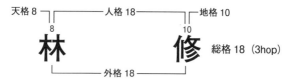

天格8　　　人格18　　　地格10

林　　修　　総格18（3hop）

外格18

　テレビでよく拝見するタレント、この人の名は18が３つもある、凄いです。爆発力推進力において他の追従を許さない、成層圏を飛び交う飛行機のようなものだ、頭脳もさることながら人気集客力とも抜群でしょう、この3hopは高性能ジェットエンジンを搭載しているようだ、ただ地格の10この数字、地格だけに気になる。変な暗示が潜む様だ。

　処で苗字名前が一字の時は3hopとなり運気過剰の趣があるが、すごい仕事をされているのは当然としても、気に病む何かがあるかもしれない。災禍のない人生を祈るのみ。

◆３～５個と並ぶhopは運気過剰で何らかの厄災が潜み姿を現さないとは言えない。
◇森　徹、プロ野球で大活躍され素敵な方もおられますが、同じ名前の森　徹、オリンピックで金メダルを最も期待された、天才モーグル選手であったが病を押して全日本選手権に出場したのが最後で翌年、25歳、癌で亡くなった。22年前のことである。
◇谷　啓も過強運、大変なお仕事をされて来た方だが

最後は階段から落ちて亡くなられた。

◇犬養毅、戦前の総理、天格 19、人格 30、地格 15、外格 19、総格 34。この 30 と 34 には不穏な暗示があり。19 は運勢を切り開くが、惜しむらくは 1932 年 5 月 15 日、青年将校に射殺された。

◇原 敬。苗字名前が一字の人。この人 22 の 3hop だ。第 19 代総理大臣まで登られたが、この 22 が良くない。悪い暗示がもろに出たようだ。最後は東京駅で暗殺された。

◇2019 年 9 月。父親に殺害された○○遼佑君 9 歳、地格は 22 である。後の格数がとてもいいだけに気の毒なことである。

◇暗殺された過去の総理大臣、伊藤博文、犬養毅、浜口雄幸、その他、井伊直弼（大老）桜田門外で暗殺。広田弘毅は戦後の東京裁判で死刑。近衛文麿は自殺等。格数の中に 10,20,30 が絡んでいてやはりと思う、だが広を廣で計算すると 19,29,39 の jump で凄いが、やはり 10,20 と問題の数字が残る。

◇浅沼稲次郎元社会党委員長、此の人も刺殺された、格数では殆ど大吉だが総格の 46 凶の暗示に破壊崩壊短命とある。この委員長 1959 年に中国を初訪問する折、時の総理に挨拶をしてから出かけた。政敵に挨拶してから行くとはと問われた時、「総理が日本の親父なら、わしは女房だ」といった。これこそ野党のあるべき姿勢であってほしいと思ったものだ。

◇40 と言えば赤木圭一郎の本名、赤塚親弘に総格 40

があり、しかも 12、19、28 など不穏な数字が多すぎる、素敵な役者であったが、ゴーカートの運転ミスで 21 歳で亡くなった。

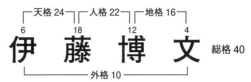

4 の hop が運気を上昇させ、しかも地格の 16 は親分肌で洞察判断力行動力ありピンチ打破し自己の才能を飛躍させるとある。だが人格 22 に外格 10 総格 40 この二つの 0 はとても悪い、浮き上がるか沈むか激しい人生とあり、悲惨な暗示がある。栄進に次ぐ栄進の静岡県警の元刑事部長（同姓同名）のこと、行方不明と聞く、後日山野で亡くなられていたという。

◇伊藤博文、明治初代総理大臣、幼名利助さらに俊輔、春輔と名を変えている、幼児の名が生涯に尾を引き判断では 3jump があり、とてつもなく大きく飛躍すると見る。だが人格 22、外格 10、総格 40 に秘める暗示がとても悪い。暗雲がちらちらする。井上馨の薦めでイギリスに留学、帰国後総理大臣になり大きく活躍されたが最後はハルピンで暗殺された。

◇若村麻由美、素敵な役者ですね、だが外格 22 と総格 40 があり苦労の絶えない、何かと問題を孕んでいるようだが、本名小野麻由美には 3,5,7 の jump2 があり申し分ない、今を支えているのは本名の凄さでしょう。本名に戻せばさらに一味違う人生と思うがどうかな。

◆控えるべきと思いましたが総格40の人、少し失礼ですが女子プロゴルファー、森田理香子のこと。LPGAで賞金女王に輝いた女性だがこの二、三年低迷している。

　天格17、人格16、地格23、外格24、総格40。16,17,23,24のstepがあり、活躍をされたのも当然でしょう。だがこの名前は富士登山型と称し、頂上に登ったら、後は降るしかない名前である。それは総格40が足を引っ張るからです。40だけは頂けない。

もし通称を「森田りかこ」と名を変えたとすると、天格17、人格7、地格7、外格17、総格24となり7,7,17,17で2hopとなり、24はお金に不自由しない暗示あり、しかも7揃いだ、この7揃いがいいか悪いかはともかく最高クラスの名前となる。ゴルフに対する気力が衰えてなければ、一、二年の内には復活し優勝杯を手にできると思うがどうであろう。

　日本人にはおかしな感覚があって、古き時代の切腹、桜の散りぎわやら花火にしてもそうだが変な共感を覚えるところがある。いさぎよいという云い方もあるが、すぐ消えてしまっては物足りなさと同時に惨めだ。タ

イガー・ウッズのように 15 年ぶりの復活も世にはある。ぶり返していただきたい人である。

◇河瀬直美（映画監督）、2020 年東京オリンピックの公式記録映画を担当されるそうですが、名に 17,17,27,27 の 2hop、なおかつ 7 揃いだ、総格の 44 に少し心配なところがあるがこの名前も凄い。ちなみに 1964 年の東京オリンピックでは市川崑監督が務めた。

◇さらに一人、錦織 圭のこと、テニスの世界で大活躍の方。

本名は天格 34、人格 24、地格 6、外格 22、総格 40 で 4,4、6,6 の 2hop の名前である。いい名前ではあるがやはりこの総格 40 に問題があります。けがが多く、いい所まで行っても今一歩手のとどかないところがある。しかも生涯に渡って何か苦を背負うことになりかねない。

通称、芸名のような考えで「錦織圭一」としたら、5,6,7,8 の 4jump となり凄い名となる、今までより、もっと大きく羽ばたくことが出来るでしょう。またテニス以外どんな仕事に携わろうと、あらゆる面で頭角を現し多数を卒いて成長、確実に棟梁たる素養が生れると見る。人間的にも素敵な人で、さらに大きく活躍されるでしょう。

◇梶原一騎は「あしたのジョー」「巨人の星」「タイガーマスク」など漫画界の草分け的な部分もあり、一世代を風靡した手塚治虫と並び称される、劇画原作者である。格数 1,2,3,4 の jump があり、さすがと思うが、問題は総格 40 だ、数々のスキャンダルに暴行事件などトラブルで晩年は世間を賑わしたが、50 歳で亡くなられた、惜しまれる人だった。

◇織田信長には 5 と 8 の hop があり働きは凄いが、総格の 40 は変事を暗示している。

◇獣の数字にも書いたが真珠湾攻撃の 4 日後、昭和 16 年 12 月 12 日に東條内閣は閣議で大東亜戦争、第 2 次世界大戦へ突入を決定した、年月日の数字を加えると 40 となる、この数字が原因で日本が負けたとは思えないが、この 40 という数字、やはりなにかおかしい。

　前にも記したが藤井聡太、内野聖陽、綾瀬はるかにも総格 40 がある。何らかの弊害が現れはしないか何となく気になる、何の変事も起こらないことを祈らずにはいられない。

◇暗殺と言えば百田光浩、力道山の本名、一世代を風靡したプロレス界初期の重鎮、だが銀座のクラブで刺殺された。よすぎるのはやはり問題のようだ、すこし横道だが力道山が人形町に練習場を構えていた頃、野球チームを作り、プロレスの猛者ばかりであったが、彼のユニホームの背には「999」とあった。63,4 年前の事である。松本零士の「銀河鉄道 999」、弁慶が 5

条の橋で牛若丸と対峙し負けた時、999振りの刀を取得していたという。

　この999も何かわからないが、不穏な暗示があるかもしれない。この「999」thank youとも読めるが、「苦苦苦」或は「窮窮窮」とも読める。ちなみに純銀の表示にはAg999、純金は999.9％とある。これら貴金属には、古来より人を惑わす不穏な経緯が多い。

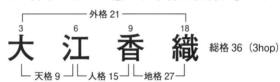

　9,27,36は9,9,9の3hop、活躍は当然でしょう。LPGA女子ゴルフ界の麒麟児だ、人柄良く名声を博すでしょう。名前から言うと何の問題も見えないが、いくらhopが凄いと言ってもこのスリーナイン（9,9,9）だけはどうも気になる。問題にすべきでないかもしれないが、何となく失意の暗示が潜むようにも思えるし、また強力なエネルギーが潜んでいるようにも思える。どちらに傾くかわからないと言うべきかな、素敵な人生であってほしい。
◇田口淳之介にも9,9,9で一面凄いと思うが、外格12、総格27があり不穏な数字がある。
◇孤高の歌手、ちあきなおみ（本名、瀬川三恵子）、本名は4,5,6,7jumpで、さすがだが、芸名に999がある。何か重荷を背負っておられるかもしれない、素敵な生涯であってほしい。

◇嘉納治五郎、9,9,9 の 3hop。しかも不思議な数字 3,6,9 がある。柔よく剛を制する柔道として世界に広めた偉人である、柔道は立組で戦うのだが、神技なのか手を出した瞬間に相手は倒れてしまう秘伝の持ち主であったようだ。IOC 委員を務めながらオリンピックを日本に招致しようとスポーツの振興に寄与するも成功とはいかなかったが、「なにくそ」と何事もあきらめない考えが常に頭にあったという、頑張り屋であった証でしょう。

◇本木雅弘、8,9,10 の Jump がありシブがき隊から俳優へと大活躍、本名内田雅弘には 9,9,18,18,27 がある。9 が 5 個も読めるが 2Hop と見るべきかな。素晴らしい活躍はさすがです。ところでこの 9 が多いのは不安どころか凄いエネルギーが潜むと考えるべきかな。

◇ノストラダムスの予言は 1999 年 7 月、人類滅亡とあった。何も起こらなかったがこの 999、どうしてこの年としたのか不思議である。

◇9,9,9 は表裏一体どちらに傾くかわからない不思議な数字である。

　以下 9,9,9 を含む人。

柏木由紀	一ノ瀬優希	豊田一幸	反町隆史
野村敏京	田端義夫	木嶋真優	橋本麻里
藤圭子	野村長一（野村胡堂の本名）		豊田章男
松岡修造	山本五十六	米山正夫	内田篤人

◇植村直己、国民栄誉賞受賞の登山家、総格30、この30も時として大きな災いをもたらすようだ。アラスカのマッキンリーで行方不明、この山のどこかで永遠の眠りに。

◇三島由紀夫、割腹自殺した小説家、この人は格数全部が大吉、やはり過強運、過ぎたるは及ばざるがごとしか。本名（平岡公威）、人格12総格26があり、この数字が原因とは思えないが、何か不穏な暗示が潜む様だ。人それぞれでして、心の奥までは推量しがたい。

◇太宰治（本名、津島修治）、小説家、12,22があり無気力崩壊の暗示、本名に20があり厄災が付いて回る、自殺未遂、薬物中毒など、苦悶の生涯だったようだ。それでも思い返してか、晩年いい小説を残した。救いは本名の17,18,19,20の4jumpと総格の37かな。

◆非業の死の人、自殺した人、格数だけでは判断できない事も多い、夫々の心の奥底までは覗き見ることはできない。

　芥川龍之介、坂本九、沖雅也、尾崎豊、田宮二郎、加藤和彦、伊丹十三、牧伸二、長瀬弘樹、沢田泰司、高田真理、岡田有希子、藤 圭子、三島由紀夫。

　川端康成はノーベル賞受賞作家だが親交ある三島由紀夫の死後2年後に自殺した。

　特に昭和期に活躍された政治家の中川一郎。天格7人格4地格10外格13総格27。何があったのか北海道で自殺された。人格4、地格10など最悪の格

数配置だ。総格 27 も少し引っ掛かる。石川啄木には ,8,9,13,14 の step、19 歳で詩集を初版、今でも愛されている歌人、凄い方だが本名、石川一には人格 4 総格 9 とあり。残念なことに 26 歳で早逝された。中川一郎と同じ人格 4 がある。

　人はどなたでも不安や苦の一つ二つは抱えて居られると思うが、功なり名を成し、大きく飛躍された人でも、底知れぬ苦悩を抱えることもあるようだ。「いかなる難儀も喜んで受け入れるべき」とカント、「困難の中にこそチャンスがある」という人も。また「神は乗り越えられる試練しか与えない」ともいう。死に勝る苦しみを乗り越えてこそ、素敵な未来が待っているのではないか、雑音に惑わされず、今一歩、更に一歩と挫折することなく前を向いて歩みたいものです。生意気な言い方ですが、そんな気がする。

◇坂本九のことだが、天格 12、人格 7、地格 2、外格 9、総格 14 で最悪に近い名ですが、若くして一躍スターダムに登り詰めたのはどうしてか、思うに 3,5,7,9 の jump2 の凄さであろう。大きくジャンプアップされたのも何の不思議もないが、特にこの地格の 2 に総格の 14 は秘める暗示に問題がある、この 2、14 の配置が良くない。内に秘める良くない暗示に振り回されるようで、最後はお気の毒でした。

◇志村けん、4,5,8,9step がありさすがだが、地格の 4 は何となく危惧を感じる。

◆ここで不思議に想える人を紹介しよう。「三種の神技」を立証するあかしを与えてくれた一人である。

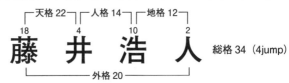

一般的な姓名判断では、おそらく悪い評価しか出ないだろう。5格すべてが不穏な数字ばかりで、破産、焦燥、病難、別離、短命など不成功の暗示しか出てこない。だが此の人、美濃加茂市の市長で二期目など対抗馬なしで無投票当選している。住民の噂では若いのにとても素敵な人だという。それは名前に凄い組み立てがあるからです。「三種の神技」でいう、外格2、地格3、天格4、人格5と2,3,4,5の4jumpがある。この4連続はジェットエンジンを搭載するようなもので間違いなく上昇気流に舞い上がる組立てと見ます。凄いです。しかも人格の14、評価としては凶だが、不思議なことにこの14、人格か外格にある時、隠された暗示に棟梁運あり衆に抜きんでる人気あり、後押しがあるなどTopに舞い上がる素養が培養されるようだ。だが凶の画数ばかりではどうしても弊害が出て、わずかな収賄で法廷に立たされ判決を受けたようですが、それは名にある幾つもの凶がそうさせるのです。敢えて言うなら此の人晩年にかけて何らかの災禍が付きまとうかもしれない。

　それにしてもこの不祥事に惑わされることなく、も

う一度、県議会なり国政にでもチャレンジし、一働き
してもらいたい人である。

　処で藤の草冠を４画でサインしてるとすれば、
3,3,5,5 の hop に総格 35 となり、この判断は少し違っ
て申し分ない名となる。いつも草冠を４画で書かれる
とすれば芸名とも考えられ、違った人生があるかもし
れない。

◆ここで「14」を配置の人達、外格人格は絶妙な趣が
あって大吉と評価していいでしょう。ところが総格
14 はよくない。そこで吉凶相半と表示していますが
苦渋の選択である。

　戦後の総理大臣

片山哲（外格 14）	佐藤栄作（外格 14）
芦田均（外格 14）	吉田茂（外格 14）
池田勇人（人格 14）	田中角栄（外格 14）
小泉純一郎（外格 14）	福田赳夫（人格 14）
本田宗一郎（外格 14）	織田信長（人格 14）
前原誠司（外格 14）	野村克也（人格、外格 14）
北島三郎（外格 14）	井深大（人格 14）
勝新太郎（本名・奥村利夫・人格 14）	野際陽子（外格 14）
堺雅人（外格 14）	松井珠理奈（人格 14）
徳光和夫（人格 14）	安益公一郎（人格 14）
芥川龍之介（外格 14）	浅田真央（外格 14）
天童よしみ（人格 14）	大竹英雄（人格 14）
盛田昭夫（人格 14）	桐谷健太（外格 14）

下村脩（外格14）　　　　山田勝啓（杉良太郎の本名、外格14）

山野愛子（天格14）　　　　羽生結弦（外格14）

池上彰（人格14）　　　　　神谷哲史（外格14）

川合玉堂（外格14）　　　　小津安二郎（外格14）

武田鉄矢（外格14）　　　　香川真司（外格14）

滝沢秀明（人格14）　　　　大西信行（人格14）

菊池洋子（外格14）　　　　高島忠夫（外格14）

今川盛揮（西郷輝彦の本名・人格14）　白洲正子（人格14）

山下清（外格14）　　　　　脇本雄太（外格14）

唐沢寿明（人格14）　　　　永守重信（外格14）

乾愛子（三益愛子の旧姓・外格14）　江川卓（外格14）

坂本勇人（人格14）　　　　田中将大（人格14）

坂本九（総格14）　　　　　福井謙一（外格14）

鈴木桂治（人格14）　　　　田中耕一（人格14）

水島公一（人格14）　　　　都はるみ（本名の北村春美の外格14）

　この「14」中々の大物そろいだ。子孫に恵まれにくいなどわずかに厄災の暗示を含むがこの名前の人達、他の格数にもよるが格段の仕事をしておられる。戦後の総理大臣の4割くらいに「14」を含む人がおられ、井伊直弼もそうだが、この数字には上昇気流に押し上げる強烈な運気が潜みTopに君臨、後押しありいい仕事をされている様だ。特に外格人格は凄い。だが地格にある時でも働きがあるようだが、総格になると禍を受けやすく、働きがあるどころか、総格9に似てマイナス要素がうずき出す不思議な数字でもある。

◇梅宮辰夫、天格20、人格17、地格11、外格14、総格31、特に外格14と総格31がいい。

　芸能界のドンにふさわしい名前である。しかも3,6,9に似た2段飛びの数字2,5,8がある、この配置も不思議な威力を秘めているかもしれない。

◇東ちづる、天格8、人格10、地格6、外格12、総格14、芸能界で大活躍とはとても理解できない、それほど良くない。10、12、特に14に秘める暗示に問題があるからだ。ところが注目すべき配置である、1,3,5のjump2である、1,3,5の数字もそれぞれ絶妙で、このjump2は、けた違いの力を発揮し悪弊を蹴散らすと同時に、相当の後押しと手助けをしてる様だ。

◇田代まさし、7,8,9,10のjumpこれは素敵な名前である。本名の田代政には14の2hopがあり、半端ではない、だが名前がいくら良くても善悪の見分けだけは自己責任です。

◆格数「9」と「19」も少し検証してみよう、この数字にも不思議な趣がある。

　すべての姓名判断の本は凶叉は大凶とある、何か災禍が潜むのも侮れないが、以下のTop街道を驀進している人達を見てると、吉と判断したいところだ、他の格数にもよるが稀に豹変することがあるようで、吉凶相半とした。

吉田茂（総格19）　　　　　芦田均（総格19）
宇野宗佑（人格19）　　　　麻生太郎（人格9）

中曽根康弘（外格9）　　　　本木雅弘（外格9）

反町隆史（外格9）　　　　　山田洋次（外格9）

渡辺謙（外格19）　　　　　中居正広（外格9）

松坂慶子（本名・高内慶子・人格19）　小林一茶（人格9）

池波正太郎（外格19）　　　阿川佐和子（外格19）

畑岡奈紗（外格19）　　　　さだまさし（人格9）

松本清張（外格19）　　　　北野武（人格19）

森田健作（外格19）　　　　井岡一翔（人格9）

古橋廣之進（外格19）　　　金田正一（外格9 総格19）

中島常幸（地格19）　　　　火野正平（外格9）

辰吉丈一郎（人格9）　　　　岡本綾子（人格19）

丸山茂樹（外格19）　　　　大坂なおみ（総格19）

川端康成（外格9）　　　　　内村航平（外格9）

松平健（外格19）　　　　　張本智和（外格19）

服部良一（外格9）　　　　　大谷翔平（人格19）

石田芳夫（外格19）　　　　森繁久彌（人格19）

森光子（地格9）　　　　　　三船敏郎（地格19）

田岡一雄（人格9）　　　　　早坂暁（人格19）

東野英治郎（人格19）　　　岡江久美子（人格9）

美川憲一（人格19）　　　　小室哲哉（人格19）

八村塁（人格19）　　　　　黒澤明（外格19）

霧島昇（人格19）　　　　　橋本五郎（人格9）

芝野虎丸（人格19 外格9）　井上章一（外格19）

沢尻エリカ（外格9 総格19）

◇金田正一、400勝投手、天格13、人格10、地格

6、外格 9、総格 19 でこの人もわからない人の一人だ。名前からとんでもない仕事をしてきた方とはとても判断できない。だが 10 の hop はあるが、この 9 と 19 には強烈なエネルギーが潜んでいると考えたらどうかな。沢尻エリカも同じ 9 と 19 があって 7,8,9,10 の jump がある。「9」は少し問題を孕むかもしれないが総格だけは避けた方がいい、19 は、どの位置にあっても力強いエネルギーを感じる。上記の人の中には人に言えない苦渋を抱えておられる方もおられるかもしれないが、内面など見えないため単純な判断で云々することはできない。数字についても書いたが、この「9」と「19」を内蔵する方、29,39 が大吉と評価しているのに凶としているは、どう考えても理屈に合わない。この数字、飛龍の運気を内に秘める趣があって。他の格数の配置にもよるが素敵な人が多いのも事実だ。せめて吉と評価すべきであったかな。

◆花札の遊びに「4・1」シッピン「9・1」クッピンは強いという。即ち 14 と 19 は何物にも負けることがないという数字の様だ、こんなところからこの数字をおろそかにしてほしくないと言ったら、なにを寝ぼけたことをと、だが総格だけは避けた方がいいようだ。
◇徳光和夫、天格 20、人格 14、地格 12、外格 18、総格 32。地格 12 が気になって決していい名前とは言えないが、特に 14 と 32 が、ひのき舞台に押し上げているように思える。

◆格数24、必ず資産家にではなく必要な折のお金に不自由しない趣があると判断したほうがいいようだ。特に人格地格総格にある時は働きが大きく、まずは安心していい。

◆総格「28」も少しチェックしてみよう、不穏な暗示が介在するのも見逃しにはできないためか「28」は凶としてるが、以下の人達はどう判断したらいいか、ひょっとしたら吉の評価を上げたいくらいだ、28を含む人達、内面は見えないため、何か重荷を背負うておられるのだろうか、2＋8＝10 この10 そのものはよくないため災いを招く兆しがないとは言いませんが、1＋0＝1、これを「1」と見るとこれなら凄い、他の格数次第だが、素敵な人が多いのも事実だ。だが人には勧められない不思議な数字の一つである。

西田敏行	野村克也	萩本欽一
倉本昌弘	勝海舟	植木等
比嘉大吾	孫正義	橋幸夫
本田宗一郎	堺正章	船越英一郎
梶芽衣子	渋沢栄一	市原悦子
室伏広治	浅野ゆう子	小池徹平
三ツ矢歌子	三浦知良	倖田來未
園田隼	香川照之	高島礼子
土光敏夫	武見太郎	山下泰裕
六平直政	伊東四朗	後藤真希
吉田美和	風間トオル	

◆「29」はどうかな。9の凄さでしょうか、殆どの本は大吉と評価していますが、2+9＝11は加えると2となる。2は不穏な数字だ。本当に大吉でいいのだろうか。

矢尾一樹	村岡希美	岩田公雄
岩出玲亜	浅田真央（2hop）	桑子真帆（2hop）
山下敬二郎	中谷美紀	西田佐知子（step）
志垣太郎（2hop）	高木美帆（jump）	西村天裕
吉住晴斗	阿川佐和子（step）	有森也実
錦戸 亮	山口紗弥加（jump）	麻生太郎
高市早苗	池田政典	神保美喜
久保建英（step）	岡田有希子	森田遥（hop）
京田陽太	北方謙三（step）	間 悠亜（step）
中嶋明子	生田美鈴（行方不明）	名倉佳司
柄本時生（2hop）	妻夫木晋也（jump）	筧千佐子（死刑）
小津安二郎（hop）	前田陽子	永守重信（hop）
島秀雄	白洲次郎（hop）	岩下志麻（hop）
佐伯三貴（step）	大竹英雄（hop）	安部公房
名取裕子	菅哲哉（hop）	牛尾治朗
大野将平	奥貫薫	北田瑠衣（step）
横峯さくら（hop）	伊吹吾郎（jump）	田崎真也（jump）
萩尾みどり（step）	松田聖子	田中美奈子
岸田文雄	長谷川京子（hop）	長渕剛（step）
安田裕香（step）	深田恭子（jump）	相田翔子（step）

大林宜彦（step）　田中美奈子　　　浅田次郎

以上ざっと見つけた総格29の人達、三種の神技を含む方を除いて見ますと、良くないわけではないが。一段下がるように思えるため吉にダウンした由縁です。

◆「42」も奇妙な数字。如何なる姓名判断の本も格数評価を見ると凶または大凶としている。この42にも不思議があります。吉凶善悪は紙一重、時として裏返しがあるかもしれないと書いてきました。24は大吉で叉とない幸運を秘める数字と評価していますが、その裏返しは42です。さてこの42も加えると6、全く問題がないとは言えないものの、本当に大凶であろうか。以下、総格42の人達をどう判断したらいいか。

高見沢俊彦には6789の4jumpがある。落合博満18,24の2hopに6,6,6がある。

浜野謙太21のhop。菊池風磨6789のjump4。星野哲郎6のhop。仲間由紀恵17,18,24,25のstep。清宮幸太郎21,24の2hop。長嶋茂雄20,22の2hopに246のjump2がある。石原裕次郎6のhopに246のjump2。佐藤麻衣678のjump。具志堅用高6789jump。財木琢磨15,27の2hop。長瀬智也456のjump。石ノ森章太郎5,6,9,10のstep。南部陽一郎456jump。福田直樹6のhop。榊原郁恵19,23のhop。箕輪厚介2,4,6jump2。浅野忠信（本名・佐藤忠信）16,17,25,26のstep。音無美紀子21の4hop。相葉雅紀678の

jump。

　総格 42 の方々、名前に三種の神技の技が含まれていて素敵な方ばかりだ。

　だが、三種の神技など特異な配置がない人は災禍を招く兆しが無いとは云えない。

写真撮影を初めて僅か６年の経歴しかないのにボクシングカメラマンとし、瞬間撮影に才能を発揮し、アメリカの世界ボクシング評議会の「フォトグラファー・オブ・イヤー」でグランプリを獲得した。石原裕次郎、星野哲郎と同じ６の hop があり、しかも 2,4,6 の jump2 に 13,18,24,29 と大吉揃いで大きく飛躍されるのになんの不思議もない、短期間に頂点に上り詰めたのは、裕次郎の経歴とよく似ているが、最悪に近いこの総格 42 に含む弊害がいずれ顔を出す心配な点がないわけでは無いが、hop と jump2 と格数配置の良さが、悪運を吹き飛ばす英気が隠されているように思える。

ノーベル賞物理学賞受賞の物理学者、この世は何か

ら出来ているのか等、「神の数字」に取り組みヒッグス素粒子など、訳の分からない研究で受賞した。シカゴ大学の名誉教授でもある方だが、名前にある総格42。決していいとは言えないが19,20,22,23のstepに2,4,6と階段をかけ登るjump2がある。しかも、23と39が同居する時、凄い力を発揮すると判断しているが、この23と19のスクラムもひょっとして桁違いの才能能力を導き出しバックアップしているかもしれない。三種の神技が介在する時、魔物が住み着き爆発的なエネルギーを醸しだす様だ。やはり三種の神技に秘める暗示の凄さではないか。

この人の格数の配置も検証する値打ちがあるようだ。この名は決していいとは言えない。何ともわからない一人である。大変な業績を上げて来た人とはとても理解出来ない。

しかし運気過剰は災禍が潜むことがあるように、その逆に最悪の格数が並ぶのはひょっとして裏返しがあるかもしれない。善悪、吉凶は表裏一体、紙一重である。車の運転ではないが運転手の心次第で右にも左にも行く、しかも「三種の神技」でいう、此の2hop（20,22）にjump2（2,4,6）の後押しが、強い推進力を発揮し、抜群の仕事をされたのもうなずけるというも

のだ。やはりこの hop と jump2 の凄さではないか。

　このような判断でもしなければ、長嶋茂雄という男の正体は見分けることが出来ない。美濃加茂の元市長に似て「三種の神技」の凄さを、あらわに示してくれている様だ。だが外格 20 地格 20 に不穏な暗示があり、何か重荷を背負うて、おられるかもしれない。

　ところでサンズイはあくまで 3 画だが、長嶋茂雄の茂の「艹」を「艸」とし 6 画で数えると 11 画、これは論外だが「艹」を 4 画で数えると、茂は 9 画となり、20,21,22,23 の 4jump 総格 43 で、けた違いにいい名前となる。前にも記したが藤井聡太も同じく藤を 19 画で数えると総格 41 と 2hop となり、とてつもなくいい名前となる。この数え方はあってはならないのに、皮肉なもので、違った判断が出てきてしまう。

◇辞書にもある通り「艹」は 3 画で数えるのが基本ですが、小生も子供の時分は「艹」は 4 画で書いたものです。戸籍台帳に茂を 9 画、藤を 19 画で書いていたとしても何の不思議もない。偏や旁は筆数だけで判断すべきと書いてきましたが、この草冠だけは今でも使われているせいか、4 画と数えて判断することもありかもしれない。

　前にも書いたが広田弘毅、戦前の人です。当時「広」を「廣」と書いていたとすると総格 40 でやはり問題はあるが、普段書かれる文字の判断と違いが出ても不思議ではない。

　昔の字がいけないということではなく、いつも書か

れていたとすれば尊重すべきでしょう。

◇若い時はエネルギー溢れるばかりの活躍が出来るため少々の悪弊も近寄ることが出来ないが、晩年になるとどうしても気力に衰えが出て、どなたにでも言えることだが名前に秘める暗示は年を経るごとに姿を現しかねない。

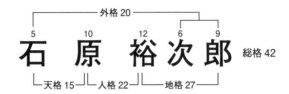

外格20

天格15　人格22　地格27

石　原　裕次郎　総格42

　此の人も不思議な人の一人である。どう考えても人気もさることながらグループを率い大変な仕事をした人とはとても理解できない。人格22や総格42など最悪に近い判断しか出ないからだ。それでもと、よく見ると15と42、それぞれ加えて6,6のhopに2,4,6（jump2）の偶数揃い、強力な後押しがあり、成るほどと判断することが出来る。処が「裕」此の字を「ネ」12画ではなく、「ネ－示、」11画でいつもサインしてるとすれば、芸名として見ることが出来、判断がすこし違ってくる。すると天格15、人格21、地格26、外格20、総格41となり、外格20は本名とも重なって厄災病離別の暗示があり早逝された要因かもしれないし、地格の26も少し足を引っ張る処があるようだが20,21と41,15で2,3,5,6となり三種の神技でいう抜

174

群の推進力を含む 2step となり、しかも総格 41 など大吉で理性的な実力者、人脈が素晴らしく頭角を現し、度胸在り多数を率いて確実に棟梁たる資質ありと。しかも人格 21 など参謀に恵まれ知徳名声を博し繁栄、財を成す凄い名前となる。

　常日頃どちらの「へん」で名を書いていたのか。自筆のサインを見たいものです。

　山下泰裕も裕次郎に似て、この裕を 11 で数えると、いい名前となる。是枝裕和にも言えるが不思議と 11 の数えた方もありかもしれない。この考えはチョット勇み足かな。

◇上記は総格 42 の不思議を記しました。断定はできませんが、三種の神技さえあれば如何なる悪弊厄災の暗示など吹っ飛ばしてしまうのではないか。何冊かの本に素敵な名前である加山雄三の解説はあっても長嶋茂雄、石原裕次郎の事、さらに落合博満、杉良太郎、イチロー（鈴木一朗）、竹中直人はどこにもない。分析が付きかねる人は避けてる様だ。「三種の神技」なればこそ、此の人達の業績分析が出来、やはりそうかと思える節も出てくる。

　小生の友達にもこの 42 を総格に持つ人がいます、片田舎ではありますが、従業員も多く大きな商いをしています。この総格 42、良くないはずなのにどうも気になる。今後の課題でもあろう。名前は 5 格を攪拌し、三種の神技の組み立てがあるかないかで判断するから、その中の一格だけでどうだと言っても、実際に

は正確な判断とは言えない。これらの数字がある時は、全く問題がないとは言えないため、慎重を期すべきであろう。

◇さらに一人、江藤新平、格数の並びは悪くはないが、総格に42がある。幕末から明治にかけて西郷隆盛、岩倉具視、坂本龍馬など維新十傑の一人だが大久保利通などと相いれることなく、佐賀の乱ののち捕縛され処刑された。やはり42には悪い暗示が潜む様だ。

処で大久保利通は維新3傑の一人で、日本の近代化に貢献をした傑物、名前も本名（正助）も共に4jumpがあり、桁違いに凄い名前だが運気過剰の上、本名に12、総格34と変な暗示があって何かおかしい。西南戦争で西郷隆盛が戦死した翌年、暗殺された。

子孫に国政に名を連ねる吉田茂、麻生太郎がいる。

失礼と思うが、2019年1月25日、金井貴美香さんが元カレに殺害されたとテレビの報道、此の人、人格30、総格42、がある。これらの凶を含む人は、責めの一部は本人にもあって、災禍が降りかかることもあるが、引き寄せることもあり、相手の選択ミスが招いたようだ。

◆理解に苦しむ人がいる。その中の一人、イチロー（本名、鈴木一朗）。此の人、6,8の2hopは秘める暗示を増加させるが、双方に26,28があって、姓名判断ではとてつもない傑人の判断は出てこない。

算命学、密教運命占術に造詣が深い先生に彼のこと

を調べて頂いても、環境、素質からは、超人的な活躍までは予測出来ないという。だが奇跡の野球人である。羽生善治、美空ひばり、野口英世或は田中角栄、古くは豊臣秀吉にも言えると思うが、ごく稀に偉人と言える人が出現する。これは神か佛の技か、さらには守護霊なのか、或はDNAの突然変異か、何代前かわからない先祖の遺伝子のなせる業であろうか。世には奇跡的にとてつもない余徳が、突如として噴出することがあるように思う。姓名判断では、どう考えても推測できない範疇があるようだ。

　またある霊能者に話をしたら子供が出来ないということは、歴代先祖によって蓄積された余徳を子孫に残すことなく、一代で使い切ってしまうように思う、これを因縁生越と言い、今後社会に何らかの形で還元したり、先祖を慈しむ心あらば、一代菩薩として、違った未来が開かれるであろうという。何れにしても不思議な人である。

　もし驚異的な活躍をしたイチロー、羽生善治、竹中直人、石原裕次郎など筋の通った解説をされる研究者がおられるなら、ご教授頂きたいものです。

◇ところで遺伝子とＤＮＡは異質のもので、体質を含め才能能力等父母から受け継ぐ40兆といわれるＤＮＡに、生命が誕生の折、どこから入り込むのか、70個ほどの突然変異があって、人の生業のすべてをコントロールする、その多種多様な働きをするDNAによって人は生きる。偉人と言われる人が突然出現する

のも、その原因はミクロの世界の突然変異にあるとも言われている。DNAには宝物が潜んでいる。海に浮かぶ氷山に似て、10%しか表面に出ていない、能力やスーパー才能の90%が水面下に隠されているということではないか、自分に或は子供にどんな才能能力があるか、いぶりだすのが人の道かもしれない。

　最近、その遺伝子を変えて病を治す薬が出てきた。「キムリア」。白血病の治療薬に「癌ゲノム編集による医療」、遺伝子を変える治療薬はまだまだあるようだが、今後医学がさらに進んで将来、清の始皇帝が夢に見た150歳以上の長寿が可能であったり、100mを9秒で走る人、将棋の天才羽生善治、美空ひばり、奇跡のピアニスト辻井伸行、ノーベル賞の湯川秀樹、レオナルド・ダビンチ、エジソン、アインシュタインなど遺伝子の変換で、このようなとんでもない偉人が雨後の筍のごとく、輩出することが起こりうるかもしれない。先が読めない大変な時代が来そうだ。

　このまま医学が進んで行くと、遺伝子を変えるということは、人間の尊厳をいたぶるようで何となくおかしな思いがする。ハルマゲドンやノアの方舟ではないが、人類の終焉が近いのではないか。これこそ杞憂であってほしい。

　処で遺伝子とかDNAと簡単に言いますが、自分には父母が居ます、その父母にもそれぞれ父母が居ます、そのまたまた父母にもそれぞれ父母が居ます。数えていくと10代前では1024人、15代前では32,768人と

なる。人には先祖のどんな血脈が疼いているのか、偉人賢人傑人、中には桓武天皇、柳生石舟斎、徳川家康等も居るかもしれない。鈴木一朗（イチロー）ではないが何代前の因果なのか輪廻転生ともいうが隔世遺伝が要因かもしれない、遥か昔を慮るもよし、先祖の霊は疎かにできない。感謝をせねばならないようです。

　ある僧侶が、人はまず一つに先祖供養、二つ目も先祖供養、三四がなくて五に親孝行するべきと言った。この様な人にこそ幸せが芽生えるということであろうか。

　そういえば先祖は自分が生きていく上での最強の応援団だと言う人がいた。

◇不思議と言えばもう一人いる。竹中直人、天格 10、人格 12、地格 10、外格 8、総格 20 で。1,2,3 の 3jump がある、これだけを見ると流石と思うが、10,10,20 に人格の 12 には問題があるように思える。俳優タレント映画監督などの活躍は分かるが、名前からは此の人の働きは見えない。やはりこの jump のなせる業であろうか、不屈のエネルギーが介在するように思える。だが人に言えない何かが潜んでいるようで、何となく心配な処がある。この判断、間違いであってほしい人である。

◇片岡鶴太郎、2,3,7,8 の 2step があり俳優、画家として大活躍ですが、人格 34、総格 46 が少し気になる。心配はないと思うが何か苦悩の一つや二つ抱えて居ら

れるかもしれない。

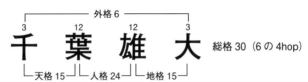

千葉雄大

外格6
3　12　12　3
天格15　人格24　地格15

総格30（6の4hop）

　此の人6の4hopだ、これは凄い、半端な名前ではない、飛龍の如く舞い上がるようだ。間違いなく過強運、過ぎたるは及ばざるがごとしというが、しかも総格の30は晩年孤独の趣があったりして何となく気になるが、6のhopがセーブしてくれて、30に潜む悪弊を吹き飛ばしてくれればと思う。素敵な役者としてこれからも活躍していただきたい。

◇米倉涼子　3,5,7,9のjump2、素敵な活躍は当然としても、地格の14が人格か外格なら何の問題もないが、地格だけに総格30とともに、何か苦か、わだかまりが潜むように思える。総格30には晩年孤独の暗示もある。

◇広瀬すず　3と6のhopがあり、いい運気を持つようだが総格30に将来少し不安がある

◇君原健二　日本のマラソン第一次黄金時代を走り抜けたランナー。天格17、人格21、地格13、外格9、総格30で3,4,8,9のstepがある。30には少し問題があるがこのstepと言い、9,13,21を含む数字は最高クラスの名前である。30の悪弊を蹴散らしているかもしれない。

◇30と言えば吉田松陰、総格に30。1,2,3,4のjump

がある。松下村塾を主宰し伊藤博文、久坂玄瑞や高杉晋作、山形有朋らを幕末から明治にかけての逸材を輩出したが、安政の大獄で30歳で処刑された。総格の30が原因なのか惜しまれる人であった。

◆少し気になる「10の凶」、20,30,40に似て問題が在ると記してきました、この10、災禍のうずき出す危険な数字の一つである。処がこの数字、上昇か下降かの分岐点にあるようにも思え、何かと不穏な暗示があるが他の格数次第で運気を上昇気流に乗せること稀にあり。30にも云えるが1＋0＝1の考えはどうかな。

　以下に記す素敵な人達はどう解釈したらいいか迷う処もある。苦や禍の訪れないことを祈るのみです

　大平正芳、原　晋、沢口靖子、村上元三、竹中直人、舛添要一、杉良太郎。

◇浜田光夫（天格15、人格11、地格10、外格14、総格25）、石原裕次郎に可愛がられた名優だが、地格10、本名にある地格12が問題なのか、不慮の事故により目を患い、以後の俳優生活は至難の戦いのようだ。頑張っていただきたい、素敵な役者です。

◇中村哲、天格11、人格17、地格10、外格14、総格21で1,2,3のjumpがある、アフガニスタンでペシャワール会現地代表として、長年人道支援と復興に携わってきた医師が銃撃された。大変なお仕事をされてきたのも、なるほどと思えるが、地格だけにこの10は問題で格数に潜む悪弊がもろに出てきたようだ。やはり数字というのは気まぐれなところがあって、稀に

変な方向に走り出すようだ。冥福を祈らずにはいられない。

やはり苦か災禍を少しでも暗示する数字は、避けるのが無難のようだ。

◇羽生結弦、天格11、人格17、地格20、外格14、総格に31でスケートのスーパースターだが、地格20に少し問題がある。地格だけにけがが多く悩み多き選手生活の様だ。勝手な推測ですが芸能界にでも入られたら、大きく活躍されるように思うがどうであろう。外格14総格31もいい。どの世界に入られても素敵な仕事をされるでしょう。楽しみな男である。

◇羽根直樹、棋聖、名人、本因坊、天元など連覇を含め25のタイトル獲得者。囲碁のプロ棋士である。天格16、人格18、地格24、外格22、総格40。凄い才能を持ってお生まれになったことでしょう。全て順風満帆だが、この22と40が少し気になる。この40に秘める暗示がとても悪い。常日頃どんなお暮しかわからないが、何か苦を、あるいは今後何かの災禍が訪れるような兆しが在る。何事においても無理をされないことが肝要かと。

この判断見当違いならいい、大波小波の人生、波風を乗り切っていただきたいだけです。

◇そう言えばスケートボーダー織田夢海ちゃん11歳、オリンピックでメダルが期待できる。トップライダーである。天格23、人格18、地格22、外格27、総格40、この配置には4,4に9,9の2hopがあり、間違い

なく大きく活躍されるでしょう。だが 22,27、特に総格 40 が少し心配である。ひょっとしてこれ以降何かあるように思える。hop が如何に強運を呼ぶと言ってもこの数字だけは何となく気になる。悪い兆しを振り払って素敵な競技人生であってほしい。

◇もう一人、大きく期待をされてる。スケートボーダー岡本碧優ちゃん 12 歳、この子の日記に「自分に勝つ」とあり、柳生石舟斎の言葉がこの子にしてわかっているようだ。12 歳だよ。この覚悟はすごい。名前に 44 があり心配なところがあるが地格の 31 に外格 19 が遮二無二、上昇気流に押し上げてくれるでしょう。大いに期待したい一人である。

◇また不思議に思える人。杉 良太郎。天格 7、人格 14、地格 20、外格 20、総格 34。

　この格数はどう判断しても芸能界で大変な活躍してる人とは思えない、それ程悪い。長嶋茂雄にもある 20 の hop は間違うとどん底に陥れるという、とんでもない数字、しかも総格の 34 など年を経るごとに苦渋を背負うことになる、決していいとは思えない格数配置である。

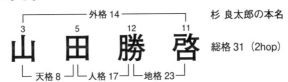

本名、山田勝啓、天格 8、人格 17、地格 23、外格

14、総格 31 で素敵な名前です。

　芸能界に潜り込むことが出来たのは、この本名の良さが幸運を引きずり込んだようだ。5,5、8,8 の 2hop もいい。これはジェットエンジンを搭載するような名前です。5 と 8 の数字もいい。外格の 14 は抜群の推進力を発揮し周りを纏めどんな仕事でも成功裏に推し進めるという又と無い格数。また 31 は天与の才能と幸運を併せ持ち人望在りて成功すると見る。この本名の強力な後押しがあるように思える。本名が生涯をバックアップするか、しないかは、人それぞれですが彼の場合は芸名をはるかに凌駕してるようだ。素敵な名前です。だが芸名とて軽んじてはいけない、本名がいかに良くとも、改名した名前は、長年使えば何らかの形で秘める暗示が表に出てくる。それは 20 の hop です。この 20 は頂けない。何か変事が起こりそうな名前です。社会奉仕に尽力されていることが救いとなって悪弊を吹っ切るようにも思えるし、しかも「杉良太郎」この名前の響きもいい。

◇船越英一郎、天格 22、人格 20、地格 10、外格 12、総格 32 で、どう考えても、素敵な名前とは言えない。しかも本名の栄一郎には総格 40 がある。手が付けられない酷さだ。

　処が、1,2,3,4,5 の 5jump がある。けた違いの推進力を秘める。これは悪弊を吹っ切る力が潜んでいるとしか考えられない。やはりこの jump に秘める凄さではないか、しかも総格 32、棚ぼたの強運ありとある。

やはり素敵な名前と言えるようだ。

◇松本幸四郎が「名はまさに太陽、人は名前で変わる」と言った。けだし名言である。改名で人生を大きく変換する事は不可能ではない。いずれにせよ「命名・改名」には名に夢と希望を滲ませ、大成するであろう暗示と幸運を引き寄せる兆しを名に組み込むことによって、相当高い確率で上昇気流に舞い上がることは間違いない。名は嘘を言わない。

◆二つ三つ気になることがある

どうも姓名判断の本をいろいろと見て、勉強させていただいていますが、少し変だなとつい批判がましくなり、お叱りを被るかもしれない。お許しを頂きたい。

◇その１。或る本に、

　夏目雅子（女優）は、天格15、人格17、地格15、外格13、総格30。

　花田景子は貴乃花部屋のおかみさん、天格15、人格17、地格15、外格13、総格30。

　このお二人とも、5格の数字が全く同じであるのにこの先生、夏目さん、花田さんの生活状況を知ったうえで判断するから、全く同じ格数配置でありながら違った判断を下しておられる。花田さんの判断を夏目さんに、夏目さんの判断を花田さんに置き換えると全くおかしな判断になる。同じ格数の配列なのにこれはおかしい。

　姓名判断というのは格数が示す暗示、災禍が降りか

かるか、成功への兆しがあるかなど、純粋に格数評価からのみ判断すべきであって現在置かれた状況を聞き、また知ったうえで判断すべきではない。それは本当の姓名判断とは言えないはずだ。

　実はお二人とも判断が違って当たり前なのです。それは本名や、結婚前の名前を見てないからです、生まれた当初の名前というのは結婚や芸名にしろ名前が変わったからと言って、その人が突然性格を含め人間が変わるわけではありません、生まれた時からの名前の働きが名を変えた以後も、その累積が尾を引き、当初の名前がその人の生涯に渡って引きずるからです。前に記した杉良太郎にしても、芸名はよくない、本名がとてつもなくいい場合、生涯をバックアップすることがあるように、生後つけられた名はおろそかにできない。

　二つ目におかしいのは、「花」を 10 画で見てることです、花は 7 画です、草冠を 6 画で数えてること自体、時代錯誤も甚だしい。

　このように判断している本は他にもあります。漢和辞典などで調べればわかることです。

　そこで以下、格数の正しい判断によると

夏目雅子　　　　　天格 15、人格 18、地格 16、外格
　　　　　　　　　13、総格 31。素晴らしい名前だ。

小達雅子（本名）　天格 15、人格 25、地格 16、外格 6、
　　　　　　　　　総格 31。

　本名も素晴らしい名前だが 6,6、7,7 の 2hop。しか

も芸名とも総格31は棟梁運、この両方にまたがる31は秘める暗示が倍増する。ばつぐんの推進力を有する名前であるのだが。

この数字並びは女子には強すぎて危険。間違いなく運気過剰。

時として運勢をとんでもない方向に引きずり込む可能性がぷんぷんしている。

　花田景子　　　　天格12、人格17、地格15、外格10、総格27。いい名前です。

　河野景子（本名）天格19、人格23、地格15、外格11、総格34。

本名、決して悪いわけではないが、総格の34の暗示にいつも余計な苦労が絶えず、外格の10にも問題がありそうだが、念頭に置きたい事項に書いていますが、花田景子の家庭運20（念頭におきたい事項で解説）に少し不安が残る。事実は分からないが、何か重荷を背負っておられるようだ、いい格数並びで問題は無いと思うが、尾を引きやすい。

実のところ、小生は旧姓をなるべくチェックするようにしています。

結婚して名前が変わることがあっても旧姓はこの世を去るまでついて回る。なぜか離婚して旧姓に戻ることがあれば結婚して変えた名は消し飛んでしまう、要するに芸名にしろ「**仮の名前**」にすぎないからだ。どうしても旧姓は生涯ついて回る。だが芸名、通名を長年使えば本名よりウエイトが重くなることも事実です。

と言って本名にある暗示が消えるわけではない。姓名判断では必須のチェック項目の一つであろう。

　生まれた当初に付ける名前がいかに大切か、おわかりいただければと思う。

　ここで記すのは適切とは思えないが、息子さんである花田優一に総格30がある。この「優」は男としては優しさに気弱さがあるようだ、だが3,4、8,9のstepがあり、素敵な仕事をしてこられたのも理解できるが、総格30は何か禍が滲む様におもえるが、どうでしょう。親の因縁は子が引き継ぐとも言います。晩年孤独の暗示がちらちらする。

　小生の友人で二代目ですが大きな商いをしていたが、倒産した。名前にjumpがあり凄い名前なのにおかしいと言ったら、実をいうと小学生のころ親父が名前が悪いからと、どうやって変えたのか戸籍台帳までかえ今の名前にしたと言う。だが倒産した。すべての人とは言えないが生まれた当初の名前はどうしても尾を引きやすい。

◇その2。以下の二人はP122、P124に記してありますが、ある本に、

A　舛添要一　　　天格19、人格21、地格10、外格8、
　　　　　　　　　　総格29　大吉

B　堀江貴文　　　天格18、人格19、地格16、外格
　　　　　　　　　　15、総格34　凶　とある。

　この評価は如何ですか、お二人の名前にはjumpと

step が内蔵されており、凄い働きがあり、いいお仕事をされて来たのも何となくうなずけるが、さんずいを４画と数えることに問題があります。前にも記載した、小生の判断をご覧になればわかるように評価は逆転します。さんずいは４画など時代錯誤も甚だしく有るがままの筆数で姓名判断をするという原則から逸脱する。この様な旧態然とした数え方をしてる本は所持している本の７割近くあります。それを信用して名付けるとすれば気の毒なことです。姓名判断は１筆違うと全く違う評価となり、しかも運勢そのものがあらぬ方向に飛び散ることになりかねない。極端な言い方ですが名前で人生はどうにでもなると言っても過言ではないと思う。

※実を申し上げると、小生が姓名判断に興味を覚えたのは、舛添要一と堀江貴文の前記の判断をしておられる本を見てからです。この本の判断ですと小生の本名はどちらかというと素敵な名前となる。にもかかわらず惨めな晩年を迎えることになったのは、りっしんべん（忄）３画です。すると平野恒示は、天格16、人格20、地格14、外格10、総格30となり 10,20,30 で橋本左内と同じで。最悪となる。1,2,3 の jump があって、ささやかではあるが仕事をして来たのも事実だが。わずか一画の違いが天地真逆の結果を生み出す、（忄）と（氵）を４画で数える本の判断はやはりどこかおかしい。

◇たまたま調べていたら「辰巳琢郎」の格数は天格10、人格14、地格20、外格16、総格30。

　10,20,30 この最悪の配置は井伊直弼と同じではないか、災禍が降りかかる筈の名前であるのに芸能界で大変な活躍ぶりはどう考えても理解しがたい、小生の判断は間違いではないかと、調べて見たら「琢」11画の字を本名では「**琢**」12画であることが分かった。

　すると配列は天格10、人格15、地格21、外格16、総格31 は 3,4,15,16 の step となり 31 は抜群の推進力を含み、15,16,21 など人柄秀逸、堅実に事を進め順調に階段を登るとある。いいお仕事をしておられるのは当然で三種の神技の組立てが如何に凄いかを改めて知る思いです。琢という字に点があるのは今では旧字扱いですが、一画の違いが素敵な人生を生み出すことを如実に教えてくれるようだ。

◆運気過剰の人に問題が起きるというのではなく、潜んでいる厄災が頭を出すかもしれないと解釈いただきたい、また人それぞれに思惑もあって計り知れないところもあるが運気過剰でも画数にマイナス要因が少しでもあればセーブしてくれることもあって、災禍なく階段を登ることが出来るでしょう。

　高い山に登れば登るほど危険を伴なうであろうし、頂上に登りきれば、後は降る道以外ない。用心深く慎重であれば無難に制覇できるものを、有頂天になったり、うぬぼれや無理があれば必ず反発があります。それは家庭内事情か身体にかかわることか、或は携わる事業の事なのかはわかりませんが、何か変化が現れるかもしれないと見るべきでしょう。

　姓名も人の生き様も 90% くらいが平穏で穏やかな暮らしが出来るようだ。どうもこの辺が命名の極意かもしれない。

◆この寸評分析、所々数字だけを書いて云々していますが画数評価を見ながら確認していただきたい。たまたま有名人を主に解説してきましたが人それぞれ携わる仕事の貴賤善悪の判断は無関係です、四囲の人の名前をチェックしてみてください。画数評価は嘘を言わないようです。だが人それぞれの育つ環境や体調、人それぞれの思惑などは計り知れないところがあって、この判断 100% とは言えない。神のいたずらか、どう考えても判断が付きかねる名前の持ち主が稀にいるからだ。だが人は停滞することは許されない、夢と希望に満ちた人生を送ろうとするのは当然の思惑である。そこで注目したいのはこの姓名判断です、名前を伺えばおおよその生き様を見ることができます。命名改名いずれにしても人の生き様を上昇か下降か格数の中に隠匿されている摩訶不思議な威力に翻弄されることは

ほぼ間違いないようだ。

「三種の神技」の命名の組立てが凄いと記してきましたが、あくまでも確率の問題です。この寸評、多くの方々を失礼を顧みず書いてきましたが、絶対とか必ずということではありません、如何なる業種に携わろうと、その業界の中で三種の神技を含む人たちの多くは、Top か Top3 に君臨し、相当高い成功率を見てきた上での判断です。吉数だけでも素敵な人は居られますが三種の神技を組み込む名の人にはとても太刀打ち出来ないであろう。上昇気流に乗る確率がダントツに高いのです。

◆此の項の最後に、チョット不謹慎かな、少し趣を変えて日本の長者番付を。(平成 30 年調べ)
　孫 正義 （60 歳）5,6,9,10 の step ソフトバンク　資産 2 兆 3000 億円　日本長者番付№ 1
　柳井　正 （69 歳）4,4,5,5 の 2hop ファーストリテイリング　資産 2 兆 2000 億円
　佐治信忠 （72 歳）15,15,17,17 の 2hop サントリー資産 1 兆 9000 億円
　滝崎武光 （72 歳）19 の hop 見方によっては 4,4,9,9 とも、キーエンス資産 1 兆 8500 億円
　三木谷浩史 （53 歳）2,3,14,15 の step　楽天　資産 6000 億円　長者番付№ 7
　所でアメリカの長者番付№ 1 、Bezos 氏は純資産

1600億ドル18兆3000億円

◆あるＴＶ月刊雑誌に登場する俳優さんを分析してみました。本名があれば又判断も大きく違う場合もあり失礼があるかもしれません、前記の三角形の話ではないが、俳優さんといえども予備軍まで含めると、何千人ではなく何万人かもしれない。互いにしのぎを削り、技量伯仲の同輩の中から選ばれて舞台やらスクリーンに登場する人たちは、力量もさることながら名前の良し悪しが道を開いてくれるように思うがどうであろう。その運とは何か、それは名前に潜む摩訶不思議な力ではないか。以下を見ていただくとわかると思いますが三種の神器「hop」「step」「jump」を含む人が多いのは流石です。

　なおほんの短評ですので不充分は免れません。お叱りを被るかもしれません、今後どんな運命が対峙しているのか、長い目で見ていたく思います

※有村架純　16のhopに総格の32は棚ぼたの幸運、一芸に秀でて地位や財を成すとある、いい名です。

※木村文乃　6と11の2hop　すばらしい名としか言いようがない、先が楽しみだ。

※山下智久　6と18の2hop 総格24　いいね、発展数、生涯お金に不自由しないという暗示まである。

※東出昌大　11と13の2hop 総格24　此の人も伸びるね、どこまで伸びるだろう、お金には不自由しないし。

※亀梨和也　協力者現れ着実に階段を登るであろう、人

柄秀逸、帝王運数でもあるが予期しない不運があるかも。

※鈴木伸之　10,11,16,17 の 2step、発展数。全く問題なし
　と言いたいが地格の 10 が苦労絶えずと、少々心配。

※麻生祐未　14,14,16,16 の 2hop いいですね。問題ないと
　思うがこの 14 には不安要素がわずかに。

※武井　咲　とてもいい名とは言えない、着実に階段を
　登られるでしょうが苦難の暗示がわずかに潜むようだ。

※井川　遥　地格 12 総格 19 は八方塞がりで予期しない
　不運に会いやすい、後がいいから救いがあるかも。

※中越典子　堅実の階段を登る、英知才能あり、ど根性
　もあるようだ、苦境があっても乗り切る気力あり。

※田中　圭　9,10,11 の 3 連、素晴らしい推進力を保有し
　順調に成功の階段を、全て順風漫歩の様だが。

※小関裕太　26 の hop 是もいい、順調に人生を歩まれる
　と違いますか、着実に階段を登る姿が見えるようだ。

※内田理央　9,9,16,16 の 2hop、ジェットエンジンを搭載、
　キャリアウーマンの素質、まずは問題ないと思う。

※山内惠介　7,7,16,16 の 2hop、推進力、帝王運数があり
　親分肌でもあり勢いよく上昇気流に。

※中川大志　6,7,10,11 の 2step、相対的に格数の配置がい
　い。相当早く階段をのぼりつめるでしょう、善哉。

※中島裕翔　進取の気で進展あるも浮沈激しい人生、だ
　が洞察判断力あり飛躍することあり、尻上がりかな。

※小池栄子　知徳名声博し事業で成功することもあるも
　八方塞がりと崩壊の暗示が潜む、地道に精進の事。

※板谷由夏　15 の hop、飛躍できる要素在り、進取の気

性に富み成功するであろう、晩年が少し気になる。

※土屋太鳳　12,13,17,18 の 2step、抜群の推進力に才覚あ
り大志大業を成す暗示在り。

※小栗　旬　天与の徳を得て安泰、長寿人望厚く家運を
起こす、だが予期しない不運波乱厄難隣り合わせの感。

※西島秀俊　15,16,17,18 と 4 連、棚からぼた餅破竹の僥
倖運数、一芸に秀で地位財産を成す、だが過強運間違
うと。

※波瑠　　　22 の 3hop、ジェットエンジン搭載の人生凄
いと思う、心配ないと思うがわずかに。

※天海祐希　天与の才能と幸運を併せ持つ中年以降運気
急上昇、なんの憂いもないが晩年孤独が特徴。

※仲里依紗　智謀才覚に優れ大志大業を成す、友好関係
広く地位財産急上昇、なんの憂いもなし。

※新木優子　着実に階段を登る発展数、災禍の兆しがあ
るも洞察判断力良くピンチを打破する行動力あり。

※笛木優子　旺盛な独立心階段を一歩一歩の人生かな、
家庭運薄く経済的にも不安定要素、不成功の暗示が。

※土村　芳　協調性薄く孤立し誤解されやすいが意思堅
固にして精進すれば目的完遂することが出来るだろう。

※桐谷美玲　16,17,18,19 の 4 連。運気過剰の恐れあるが
才覚に富、負けず嫌いで切り開き大業を成す発展数。

※成田　凌　一匹狼タイプ、独立心強く経営能力あり事
業家で成功、金運家庭運も上々、何の不安材料もなし。

※加藤綾子　勤勉で努力家末広がり、一芸に秀でて地位
や財を成すが自己中心の考えが災いして運勢に影が。

※長野智子　全て順調信望を集め階段を登るでしょう、
　但し中年以降裏切られ一気に落ち込むことあるやも。
※榎並大二郎　専門分野で頭角、健康聡明人柄良く堅実
　に発展、だが家庭運薄く経済的にも不安があるかも。
※広瀬すず　総格 30 は成功を収めても晩年は問題だが後
　の画数は抜群天与の徳あり上昇気流に乗れるでしょう。
※神野美伽　親分肌だが足元を固めるが大切、16 と 20
　の 2hop, 上昇気流に乗ること可能、但し晩婚か後家相。
※綾野　剛　専門分野で頭角、本来はリーダーの補佐、
　お金には不自由しないが苦労多く病弱孤独の暗示在り。
※市毛良枝　6,6 の 1hop がある。俳優であり、登山家で
　もあるようだ。素敵な生涯でしょう、不安材料なし。
※村岡希美　舞台俳優、16 の hop があり、総格 29 など
　推進力在り、15 など人柄よく人望を集め上昇気流に。
※武田梨奈　女優歌手であり空手も堪能。16 の hop があ
　り 32 は一芸に秀でて衆望を集め破竹の僥倖運数とある。
※吉高由里子　名前は凄い、15 と 16 の hop が。猫と晩
　酌が趣味とか、此の俳優さんこれから伸びるでしょう。
※松岡昌宏　15,16 の hop があり総格 31 人柄よし棟梁運
　あり、まず最高クラスの名前、先々楽しみな俳優である。

◇命名のおり、念頭に置きたい事柄

◆命名、姓名判断には必ずという言葉はありませんが、多少の注意は必要かもしれない。

※1．平仮名の「り」が名前の最後にある時、何事も流れやすく、婚姻、家族のこととか、何かわからないが、わだかまりがあるようだ。全ての人というわけではないので、少し失礼かな。伊東ゆかり、園まり、美空ひばり、由紀さおり、辺見マリ、貫地谷しほり、丘みどり、萩尾みどり、山本みどり、桃井かおり、香西かおり、国生さゆり。

　逆に、「し」、「光」、「旭」、「虎」、「寛」のように名の最後に配置した跳ね上がる名前は、上昇気流の暗示在りとする見方もある。

　五木ひろし、三山ひろし、細川たかし、阿部寛、氷川きよし、三木たかし、さだまさし、西川きよし。

※2．ウ冠の字は帽子をかぶる頭と考え、名前の下に配置するのは避けた方がいい。

　例　弘定、正寛、など。

　究　安　守　寛　宏　宗　定　憲　宣　家　など
（一字使用の時は関係ない）。

　上記の文字を名前の上に使うのはいいが、下に使うのは、頭を上から抑える趣があって、生涯卑屈な兆しがあるようだ。上昇気流に乗り遅れ何か薄暗い

暗示が潜み、何となく気になるところがある。

※3. 偏や旁に「王」「心」の付く字、理、玲、志、愛、恵などはその内に秘める暗示が表に出ることがある。それは「王」は主人をおろそかにしたり、「心」はその在り方を問われることがあるようだ。使用する折はその意味を考慮して使う必要がある、一字使用の時はいいが、名前の下に使用するのは控えた方がいいようだ。

※4. 天格（苗字）の格数に名前の最初の一字の画数を加えた数字を「社会運」と言い、苗字の下の一字と地格の格数を加えた数字を「家庭運」とし、特に女性の場合この家庭運はその生活環境など覗き見ることが出来ることもあるという。

※5. 名前に濁音はあまり感心できないという。「静子」「かず子」「千鶴子」など濁音は呼ぶ響きが陰波（音霊）を引きずり、何か災禍を招く恐れがあるという。濁音のある場所によって体調を崩す位置もおおよそだが、分ることもあるという。濁音の方もたくさん居られます。必ずというわけではありませんが、出来るだけ避けた方がいいようだ。この「和」を含む人には後家さんに多いともいう。

※6. 名前全体が左右割れ字、渡、和、野、利、朗、

彰、静、林等のような文字ばかりでは少し問題があるかもしれない。離反破滅の兆しが潜むことがあると言う。茂、美、友、真、貴、隼、英など左右に割れない字を混ぜ合わせるのが無難のようだ。

※7.　人格即ち苗字の最後の字と名前の最初の字、名前の中心が左右割れ字の時は、内臓疾患、癌などにかかりやすいともいう。偶然でしょうが、小生の本名平野恒示は人格が割れ字であるためか、大腸Ｓ字結腸癌ステージ３で25cmの割腹手術をした。

　ところで田中圭（俳優）天格９、人格10、地格６、外格11、総格15で9,10,11のjumpで申し分のない名前である。人格の10に少し問題があるがそれはともかく、実は名づける折、「表裏のない子に育つように」と親御さんの願いで割れない文字を探し命名したという。

※8.　「ン」の付く名前の人は好運を運んでくれると言って好む人がある。

　落語家の三遊亭圓歌、柳家小さん、立川談志、林家三平、三遊亭小金馬、三遊亭金馬。大橋巨泉、松平健、沢田研二、緒形拳、森田健作、明石家さんま、久保建英、勝新太郎。

　ところでこんな話がある。ある受験生が志望の大学にと、先生に伺うと、君は無理だ。ワンランク下げなさいと言われた。下世話な話だが、彼はトイレ

の掃除を思い立ち、毎日続けたという。結果、志望の大学試験に合格した。運_{うん}がついたと言うことかな。

更に一つ、一代で大型トラック 140 台を抱える運送会社に大成長したある社長のこと、従業員 170 人を抱える社長でありながら、朝早く出社してトイレの掃除をすると言う。伸びる人はどこか少し違うようだ。

※9. 命名に芳しくない文字　出来るだけ避けたい文字という。

不吉な文字　和　勝　北　節　由　幸　花　春

特に和、陽、春夏秋冬、草花、幸など避けたい文字のようだ。表裏があったり、移り変わりの意味がある文字は、何か生きる上に弊害が出やすいという。

一字使用の時の不吉な文字という　登　勝　貢　恵　忠

「和」後家さんに多く、事故やら離婚など不運を招くことがままあるようだ。

「勝」此の字は力強く凄いと思うが性がつよすぎて晩年、力負けするようだ。武田勝頼がそうだとは、言い過ぎかもしれないがこの文字にも不思議がある。

「由」此の字は果物が熟して地に落ちた姿という、中年良くとも晩年、つまずいたり落ちることがあるとすれば、元に戻れない不運が潜む。

「節」文字からして竹の節め、固くて真直ぐに伸び

るようだが、竹が割れるように突然災禍が訪れることあり。

　また名前に「木」偏、いつか枯れると言う意味があると言う。また「犭」偏の文字は野獣の意味もあり、避けた方がいいようだ。

　幸、満、笑、など上記のような字も含め、名につけた場合、結果として裏返しの生涯を送ることもあるという。和の裏は不和、幸の裏は不幸、勝の裏は負ける、などこれらの文字は両輪の如く並走し、どちらに比重が傾くかわからないという。文字にはそれぞれ変な理屈があって成るほどと想える節もないとは言わないが、必ずということではありません。

　こんな考え方もあるのかと気に留めておく程度でいいでしょう。

◇以上9点、あるスタッフの言われたことで、さもありなんと思える節もあるようだが、気にすることなく、特に※9の項など読み流していただいていいでしょう。

◆画数評価をご覧になればわかることですが、改めて以下も参考に、

1）13、21、23、31、39、41、45画の人は如何なる悪弊も振り払い苦難を乗り越える力がある。如何なる業種に携わろうとその社会のリーダーとして活躍されてる方が多い。

　特に13、21、39は女子には運気過剰というか、こ

の数字には力負けしない強さがあって、独身で過ごすか、キャリアウーマンの趣もあって結婚後も夫に代わって社会的に仕事をするか、あるいは離婚するケースがままあるようだ。

2）14、19画は不運を招きやすく子孫に恵まれにくいなど凶の暗示もあるが、隠された暗示に人格、外格にある時は、時として上昇気流に乗り抜群の働きがあるようだ。この14、19は命名を依頼されても一応控えますが政治家など破竹の成果を挙げる可能性を含むこともある。戦後の総理大臣の約4割にこの14がある。不思議な数字である。

3）12、20、22、28、34、40画の人は厄災が付いて回り遺産相続など不運に遭いやすい。

　特に20,22,28,40など避けるべきであろう

◆以上おおよその判断です、くどいようですが命名、姓名判断に絶対とか必ずという言葉はありません。職業の貴賤善悪の判断もありません。環境、気力、思惑、才能などによって判断に大きくくい違いが発生することも稀ではないが、もし命名に秘伝があるとすれば、それは「三種の神技」。この組み合わせは、あらゆる不穏な暗示も霧散させる働きがあって、間違いなく絶妙のスタートラインを用意できる、あとは育つ環境もさることながら本人の覚悟次第で、topを走り切ることも可能だからだ。なまけたり、おこたれば、うぬぼれもしかり、当然下回ることになる。

◇不運を招くと言われているが本当だろうか

　姓名判断の歴史が浅いせいか、諸先輩に戸惑いがあるのか不自然な考えが多い。名前を付けるのにどの本を手にしたらいいか、迷うばかりだと思う。我こそはと書いておられるが、中身が同じ考えの本は１冊もありません。孫の名前を付けるべく姓名判断の本を８冊も購入したが、右を向いたり左を向いたりで訳が分からなくなったという人がいた。

　この「玉寿　姓名判断」はこの世界を統一するような考えと自負しています。

　そこで諸説と大きく判断の違うというか疑問に思う点を以下にまとめてみました。

　その「1」、手元にある十数冊ある姓名判断の本の７割は漢字を以下のように数えるべきといわれる。

　栄は榮を略したもので 14 画と、以下、広は廣で 15 画、実は實で 14 画、円は圓で 13 画、斉と斎は齋で 17 画、弁は辮で 21 画、変は變で 23 画、浜は濱で 18 画、辺は邊で 19 画、医は醫で 18 画のように元の字で数えるべきという。

　さらに偏や旁、さんずい（氵）は３画であるのに、元は「水」の意で４画、リッシンベン（忄）３画を「心」の意で４画、しんにゅう（辶）を「辵」で７画、てへん（扌）３画は４画、にくずき「月」は６画でと言われる、なんで６画になるのかわからない。

203

また旧字でなくてはと言いながら、「酒」を 10 画、「万」3 画、「勝」12 画、「股」を 8 画、「期」を 12 画、「朋」を 8 画と正しく鑑定しているのに、「胴」10 を 12 画、「胡」9 を 11 画、「肝」7 を 9 画、「背」9 は 11 画としている、つきへんかにくづきなのか知らないが、理解できる判断ではない。

「粋」10 画を 14 画、「窃」9 画を 22 画、さらに「姫」は 10 画を 9 画とする本もある、なぜ 9 画なのかわからない。「雅」という字の「牙」は 5 画なのに 4 画と数え「雅」を 12 画としている。また「苗」は 8 画であるのに、11 画としているのもおかしいが、その上「猫」と「描」を 13 画とあるも不思議だ。「犭」を 4 画、「艹」を 6 画或は 4 画と数えたとしても、どうしてこの数になるのか不審を増すばかりだ。

　草冠（艹）3 画だが、（艸）で 6 画と数えるべきとある、どの時代の文字を基準にしようとしているのか、訳の分からない判断としか思えない。中国漢王朝以前には（艸）を使用した文字を、碑や墓石などで見る事が出来るがそれ以後の王義之の蘭亭叙や、孔子廟堂碑、九成宮醴泉銘など、「艹」は 4 画で書かれている。何でこんな古い時代の旁や編を今の時代に持ち込まなければならないのか。これこそ時代錯誤も甚だしい。

　当然草冠（艹）の 6 画は問題外だが、現代では辞書を含め漢字画数リストでは全て 3 画としている、ところがごく最近まで草冠（艹）だけは 4 画で書かれていた。判断の折、この（艹）だけは一応念頭に置くべき

でしょう。今上天皇の即位礼正殿の儀の折の庭に、総理が書かれたそうだが、その幟に「萬歳」とあり、その萬の草冠は４画であった。

　さらに、ひらがなの数え方にいたっては、「え」２画で書けるのに３画、「な」４画を５画、「ひ」１画を２画、「る」１画を２画、この「る」、中には３画としている本も２冊ある、「よ」は２画を３画、「ま」３画を４画、「ん」１画を２画、「て」１画を２画など納得が行く数え方ではない。何処からこんな考えが出てきたのだろう。
　漢字は元の字で数えよというなら、ひらがなはどうかな。
「い」は「以」から来ている、「け」は「計」、「そ」は「曽」、「ほ」は「保」、「や」は「也」、「ら」は「良」、「わ」は「和」、「は」は「波」、「る」は「留」などそれぞれ元の字で数えると全く違った筆数になる。漢字だけは元字で数えるが、平仮名とカタカナは元の字で数える必要はないと言う、どうも辻褄があわず、チグハグな思いがしていけない。
　漢字、平仮名、カタカナとも、これらの数え方でなくては、姓名判断が出来ないとする本ばかりだが、さすがに手持ちのうち３割の本の漢字は正しい数え方をしている。ところがこれら本も平仮名になると、申し合わせたように、前記の判断でと言われる。どうして「る」は２画、或は３画、「は」は４画になるのか。

またある著名な本に平仮名をカタカナで見よとの本もあるがこれもおかしい、あるがままという原則から逸脱する。何を考えての事なのか理解に苦しむところだ。

　苗字、名前が一字の時は、上か下に「一」を置いて判断せよという考えの本もある。多くの人を見てきたが、全く意味のないことと思う。煩雑にしているだけで、却って悪い評価が出ることが多いようだ。これも在るがままという単純な原則から逸脱する。

　また漢数字、この数え方もおかしい。「四」は５画なのに４画、「六」は４画で書けるのに６画、「八」の２画を８画、「九」は２画を９画と数えるべきとしている、「十」も以上の考えで、10画とする本と、また別の本では「九」を９画と言いながら「十」だけは２画でいいとする本もある。全く訳が分からない。

◇近衛十四郎という名優が居た、その子息に松方弘樹、目黒祐樹がいる。

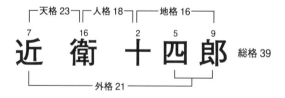

　字の筆数をあるがままの原則通り数えると、3,5,7,9のjump2.となり、この組立こそ、名だたる名優にふさわしい名と言える。ところが上記の考えで「十」を

10画、「四」を4画と数えると、外格20総格46でいい仕事をされて来た方とは、とても思えなくなる。

◇五木ひろしの「五」を5画と数えると総格12となり、何か問題を抱えるようで、ただの歌い手にすぎないが、姓名判断その寸評にも書いていますが、「五」を4画と正しく数えると2,3,5,6のstepとなり、しかも総格11で凄い活躍は当然の証と言えるでしょう。

◇伊東四朗、この「四」をあるがままで数えると、14のhopに13,14,15のjumpとなり、素敵な活躍は当然と判断できるが、「四」を4画と数えると12,13,14,15のjumpとなり、いい名前には違いないが、人格に12があって病弱、災難など何をしてもつまずきやすく変な暗示がうずきだすようで、何か問題を抱える名前になるようだ。

◇前にも書いた嘉納治五郎、五を5画で数えると素敵な方であったと思えなくなる。

◆姓名判断するのに欠かせない格数の吉凶評価を決めるとき、古字であろうが新字であろうが、その時に書かれていた、あるがままの筆数で判断し決めたはずである。どうしてこれらまばらな考えになるのか不思議な現象だ。これらを信用して名付けているとすれば、お気の毒なことである。

[2]、ある姓名判断の本に、天地同数、複合数、重複数など同じ格数は互いに反目し合い、焦燥、破壊、不吉なエネルギーがぶつかり合い不運を巻き起こす、

それは、格数がいがみ合い、とことん勝負して互いに壊滅するという。本当にそうだろうか。小生の判断ではその逆で、同じ格数、即ち同居するということはその秘める暗示の働きを増加すると見るがどうであろう。しかも凶にしてもその暗示を相当和らげひょっとすると吉にもなる趣が介在するように思う。「三種の神技」ではジェットエンジンを帯同するような働きをすると見る。姓名判断寸評をご覧になれば小生の判断がいかに正しいか理解いただけるでしょう。

　持っている本の内、一冊だけが同じ格数は働きを増加させるとある。この先生は目の付け所がいい、一面味方を得た思いだが、漢字と平仮名の数え方になるとやはり旧態のままだ。

◆失礼を顧みず、お名前をお借りしますが、以下複合数、混合数など事故に遭いやすく離婚別居病難に苦しんだり破産盗難、肉体的にも精神的にも衰運が駆けずり回るという。

　本当だろうか。

　以下の人たちは素敵な方ばかりだ、そんな悪弊が潜んでいるとは、とても思えない。

1）本殺：姓の一番上の文字と名の一番下の文字の画数が同じ時。

植木 等	川端龍子	梶田隆章	木下惠介
桑原幹根	落合博満	志田未来	坂崎幸之助
山東昭子	石橋蓮司	三ツ矢歌子	惣田紗莉渚

山口洋子	芦田 均	会田雅吏	青木瀬令奈
納谷悟朗	本木雅弘	山野愛子	鈴木 愛
小池栄子	大和田伸也	上田桃子	筒香嘉智
吉永小百合	西田敏行	浅野忠信	柴田理恵

2)　横死殺：外格と人格が同じ数になっている。

本田翼	有村架純	若尾文子	岩崎弥太郎
谷口雅春	瑛太	岡田奈々	渡辺麻友
橋本龍太郎	沼田真佑	金井克子	平尾昌晃
南 果歩	佐野史郎	木戸 愛	北島三郎
南野陽子	小池百合子	長門勇	勝新太郎
山下 清	林 修	大川 博	土田早苗
菅原文太	糸井重里	東野英治郎	六平直政
石原良純	志村喬	小沢栄太郎	宗猛
美保純	古田 肇		

仲代元久（仲代達矢の本名）

林佳樹（YOSHIKIの本名）

3)　頭殺：姓の一番上の文字と名の一番上の文字が同
　　じ筆数。

矢沢永吉	東野幸治	枝野幸男	森雄二
美村美紀	森 喜朗	海部俊樹	渡辺弦蔵
鈴木愛	松本明子	東国原英夫	植木 等
高品 格	青山和子	財木琢磨	菅田将暉
菊竹清訓	音無美紀子	さだまさし	松岡茉優
浅田美代子	松下幸之助	桐生祥秀	設楽悠太

林佳樹（YOSHIKI の本名）

4）崩殺：姓と名をつなぐ文字が同じ筆数のとき。

山本未來	志田未来	朝比奈宗源	忌野清志郎
松岡菜優	樋口久子	指原莉乃	金田正一
藤原竜也	栗山千明	千葉雄大	窪田正孝
三浦浩一	岩井友見	野茂英雄	神田正輝
市原悦子	滝沢秀明	服部真夕	森喜朗
広田弘毅	伊吹吾郎		

橋本広司（役所広司の本名）

林田民子（水前寺清子の本名）

5）破殺：天格と外格が同じ格数のとき。

武田鉄矢	上野隆三	宮里優作	渡辺憲司
山本耕史	村井國夫	沢口靖子	渡部篤郎
舟木一夫	松野明美	村上元三	小池徹平
岡田圭右	山口洋子	尾崎健夫	石原良純
芦川よしみ	藤井聡太	川岸史果	麻生祐未
山内惠介	堀内恒夫	伊東四朗	片岡大育
小林念侍	浅田真央	杉原千畝	森口博子
高橋英樹	氷川きよし	不動裕理	有吉弘行
中曽根康弘	反田恭平	西郷隆盛	

菅沼久弥（森繁久彌の本名）

橋本広司（役所広司の本名）

6）天地殺：天格と地格が同じ格数のとき。

幸田浩子	伊東四朗	阿久 悠	志田未来
井上大仁	石坂浩二	清宮幸太郎	浅利陽介
渡辺 謙	小沢一郎	相葉雅紀	古手川祐子
岡本太郎	青山和子	西島秀俊	大石学
森口博子	坂崎幸之助	倉田準二	北島康介
中村昌也	東儀秀樹	三田 明	池田勇人
石田三成	広田弘毅	滝口悠生	

7）又別の本では、天地同格、横同格、天地衝突も不
　運を招くと言う。
　一、天地同格、前記の本殺と同じ考え
　二、横同格は前記、横死殺と同じ考え
　三、前記にはない外格と地格が同じの時、事故や災
　　　難に遭うとあるが、以下の人達はどうであろう

武田鉄矢	財木琢磨	矢沢永吉	丸山大輔
菅田将暉	遜泰蔵	菊竹清訓	音無美紀子
東野幸治	松下奈緒	枝野幸男	松野明美
松山英樹	高橋悦史	東野英治郎	岡田奈々
谷原秀人	板東英二	橋本龍太郎	森喜朗
海部俊樹	東條英機	桑田真澄	奥田瑛二
柾木玲弥	木村文乃	古手川祐子	東出昌大
つんく（寺田光男）	金田明夫	森口博子	松岡昌宏
松本幸四郎	杉良太郎	中坊公平	浅田美代子
北大路欣也	渡部暁斗	松岡茉優	野村萬斎
梶田隆章（ノーベル賞）			

佐野邦俊（里見浩太朗の本名）

中村五月（メイコの本名）

四、天地衝突とあるが前記、天地殺と同じ考え

8）またある本では伏運：人格の数と地格の数を合わ
　せた数字が凶となれば必ず災禍があり、此の配置は
　避けるべきとあるが、以下の人たち本当だろうか。
　萬田久子「人格8＋地格6＝14」以下数字のみ記載

三波春夫「17＋13＝30」　　氷川きよし「7＋7＝14」

浅田真央「15＋15＝30」　　浅野ゆう子「13＋7＝20」

萩本欽一「17＋13＝30」　　片平なぎさ「9＋13＝22」

松坂慶子「22＋18＝40」　　上沼恵美子「22＋18＝40」

渥美二郎「11＋11＝22」　　大和田伸也「12＋12＝22」

竹中直人「12＋10＝22」　　久本雅美「18＋22＝40」

習近平「18＋12＝30」　　　山本耕史「15＋15＝30」

王貞治「13＋17＝30」　　　尾上松也「11＋11＝22」

星野哲郎「21＋19＝40」　　反田恭平「15＋15＝30」

岡田圭右「11＋11＝22」　　山下智久「15＋15＝30」

吉高由里子「15＋15＝30」

森田一義（タモリ）「6＋14＝20」

　この伏運にしてもそうだが、悪運がはびこる方たち
と言えますか、とんでもない判断だ。

◆さらにある姓名判断の本によると、格数を一桁に換

算した数字で、奇数は●、偶数は○とし、陰陽の配置
と言って幸運か不運かのバランスを考えるべきという。

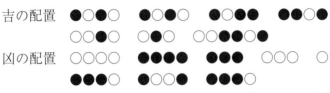

吉の配置　●○●○　　●○○●　　●○●●　　●●○●
　　　　　○○●○　　○●○　　○○●●●●

凶の配置　○○○○　　●●●●　　●●●　　○○○　　　○
　　　　　●●●○　　●○○●　　●●●○

　この他にも配置の仕方はありますが、混在する配置
はおおよそ吉の判断でという。

◆三才、五行、古代中国の運命学からの考えで、太陽
をめぐる惑星が、地球に或は人の生涯に何らかの影響
があるとし、「木、火、土、金、水」の5季に分類し、
名前にある五格の数字をあてはめ、その調和の度合い
を見る。

　五格にある数字だが、各先生の判断もまちまちで2
つの見方がある。

　Ⓐ　一つ目の出し方は五格の内、天格、人格、地格
　　の数字を21の時1、32の時2、25の時5と、30
　　の時は0とし、しもの数字で見る。

　Ⓑ　二つ目は天格、人格、地格のそれぞれの数字を
　　一ケタに加算した数字で見る、例えば32は5と
　　し、43は7で、その数字で「木火土金水」を見、
　　天格、人格、地格の順に並べて吉凶を判断する。

1、2は㊍、3、4は㊋、5、6は㊏、7、8は㊎、
9、0は㊌　　とし、

吉格	木・木・土	木・火・土	木・水・金
	火・木・土	火・木・火	火・土・金
	土・火・木	土・金・水	金・土・火
	金・水・木	水・木・火	水・木・土
	水・金・土		
凶格	木・土・木	木・土・水	火・金・水
	火・金・水	土・火・水	土・水・火
	土・水・土	土・水・水	金・木・金
	金・木・水	金・火・金	金・火・水
	金・土・水	金・水・火	水・火・水
	水・水・土		

※諸先輩の本では複合数、陰陽、五行、三才など、解説に統一的な考えはなく、捉え方がまちまちで、混乱するばかりだ。易学の考えの中には、この世に生を受けてから死に至るまで、干支の理を知れば、年ごと或は日々の吉凶を知ることができると言う。四柱推命、密教占術、算命学等、ほとんどが生年月日を基に運勢を判断する、この考えを否定するつもりはありませんが、小生不勉強のため、説明も受け売りの処もあって不十分は免れないが、これら煩雑な判断をすべて忠実に名前に組み込もうとするも生半可なことで出来るものではない。お門違いというかお邪魔虫のように思へて仕方がない。命名、改名などどの本を信用していいか迷うばかりだ。

これらの判断だと「三種の神技」や「姓名判断の

寸評」のなかに登場している方たちの、ほとんどが、素敵な人たちとは言えなくなる。あり得ない話で失礼極まりない。

この世界は摩訶不思議な世界だ。一冊として統一的な考えの本はない。やぼな言い方ですが、なんでこんなにややこしく考えなければ判断が出来ないというのだろう、自論を王道に鎮座させたいとの思いがあるだろうが、蛇の道に紛れ込んでいるようで、あるがままという、単純な原則に気が付いておられないようだ。あれはいかん、これはこうなくてはいかんなど、如何なる条件も一切必要ありません。全ていつも書く、或はサインする其の儘で判断するのが基本、しかも命名、改名は「五格」の組立による格数を、吉か大吉を並べるだけでいい。たったこれだけのことです。

出来れば hop、step、jump の組立であれば、幸運を引き寄せ、大きく飛躍する事が出来る必須のテクニックと思う。おおくの人を検索してきた結論である。

どなたであろうと、名前に潜む暗示は本人の覚悟次第ということもあり、いずれ芽が出て花が咲くことを信じ、人生生涯チャレンジを忘れないで頑張りましょう。

第六章 「漢字」（人名漢字含む）「カナ・ひらがな」筆数リスト

一画	一	乙					
二画	丁	七	乃	九	了	二	人	入
	八	刀	十	力	卜	又		
三画	々	万	丈	三	上	下	与	丸
	久	之	也	亡	凡	千	及	夕
	女	子	寸	小	山	川	工	己
	巳	已	巾	干	弓	才	叉	
四画	不	丑	中	丹	予	云	互	五
	井	仁	今	介	允	元	公	尤
	六	内	刈	勾	王	匹	区	升
	午	友	双	反	収	天	太	夫
	孔	少	尺	屯	巴	幻	引	心
	戸	手	支	文	斗	斤	方	日
	月	木	止	比	毛	氏	水	火
	父	片	牛	犬	匂	壬	廿	
五画	且	世	丘	丙	主	丼	乎	仔

仕写凹占台外市必正込甲示

他冬出卯右央布斥母玉申礼

付処刊去史立平旦民瓦白穴

仙凧功古叶奴幼旧永甘皿辺

代戊加句号尼庁未汀生目辻

令疋包只司左広末汁用矛

以禾北召四巧弁本牙田矢

兄凸半可圧巨弘札玄由石

六画

丞仰伎光印吏地

両仲伏全叫向壮

亘件休共各吸多

互任会再合回好

交企伝凪吉因如

亥伊充列同団妃

亦伍兆匠名在迅

仮収先匡后圭字

存　宅　宇　守　安　寺　尽　州
巡　帆　年　庄　式　弐　当　戌
成　扱　旨　早　旬　旭　曲　有
朱　朴　机　朽　次　西　毎　気
汎　汐　汗　江　池　灯　灰　牟
百　竹　米　糸　缶　羊　羽　老
考　耳　肉　自　至　臼　舌　舟
色　芋　芝　虫　血　行　衣　辿
汝　托　而　尖　弛　曳　此　瓜

七画

串　亜　亨　伯　伴　伶　伸　伺
似　伽　佃　但　位　往　佐　佑
体　何　余　作　克　児　兵　冴
冶　初　判　別　利　助　努　劫
励　労　医　却　卵　君　吟　含
吹　吾　呂　呈　呉　告　囲　図
坂　阪　均　坊　坑　声　壱　売
妙　妥　孝　完　宏　対　寿　尾
局　岐　希　床　序　廷　弄　弟
形　役　忍　志　応　快　我　戻

220

折 杏 求 玖 系 芳 貝 近 芭 汲

杭 李 来 状 究 花 豆 迎 麦 杖

投 杉 杣 沢 私 芯 谷 辰 阪 灼

抑 更 条 沙 秀 芦 言 車 里 牡 佛

把 攻 束 沖 社 芙 角 身 酉 孜 巫

抄 改 杜 汽 町 良 見 足 邦 宋 祁

技 択 村 決 男 臣 芹 走 那 坐 芥

扶 抜 材 汰 甫 肖 芸 赤 邑 呑 沌

八画

佳 依 制 卓 味 夜 姓 定

京 供 到 卒 周 垂 始 宙

享 侑 函 劾 受 坪 姉 官

亜 侍 典 効 取 国 妻 宗

些 例 具 刻 叔 固 妹 学

事 侃 其 刹 亞 和 奔 季

乳 使 免 券 参 命 奉 孟

並 併 価 刷 協 呼 奈 委

屈店径披拍放昌松桦治波物祉舍茂廸長兎杵陀

居幸征承拉來昇東枝油泡牧祇育英表金坦帖肴

堯岸往所担拡昆杯果河法版祈肪苦虎采苔庚竺

尚彼房抽拠肯服枚步泊炎知肩若茎邸青宕沓

実岬弦性押拝昴朋林武況炊直肥苛茉邪雨或枇

宝岩弥怜抹招旺昔枕欧沿炉的者苗茅述附旻斧

宜岡延念抵拙於易析欣沼泳画突苑阜迫阿奄杷

宛届府忠抱拓斉明板枢陀注玩空芽茄迪門臥杭

穹　昊　苺　迦

九画

促　係　便　侶　候　享　亭　乗
則　冠　冒　俣　信　保　俗　俊
叙　厚　厘　単　南　勇　勅　前
変　城　垣　型　哉　品　哀　咲
室　宣　客　威　姿　契　奏　奎
帝　巻　峡　峠　屋　専　封　宥
律　侍　彦　孤　建　度　幽　帥
拾　拷　拶　括　恒　急　思　後
映　星　施　故　政　指　指　持
架　昼　昂　是　昭　昨　昧　春
柳　柱　柚　柔　染　某　柊　柄
洋　泉　段　栄　栃　柿　柾　査
派　活　洸　洵　洪　津　洞　洗
独　狩　為　点　炭　海　浅　浄
皆　発　畑　畏　界　甚　珍　玲
砂　県　看　省　盾　相　盆　皇
科　秋　神　祝　祖　祐　砕　研
耐　美　級　紅　約　紀　糾　秒

茶赴重香珂珀
茨貞郎首洛籾
茜計郊飛按竿
胤要郁風頁珈
胡虹送音柏殆
胞荘追革柘巷俐
背荒軍面柑祢即
耶草軌限廻盃昆

十画

倍倹剛哲夏宴島庭恵挨旅朗
個倭剖哨晄宰峯庫息挙料朕
倉倫凌員埋宮峰座恭拳敏書
俺値准原啄孫展帰恩扇捜晟
俸倣凄匪唐娯将席恋悩捉普
俵借冥勉唆娠容師従悦挿晃
俳候兼剤唄娘家差徒悌振時
修倅党剣哺姫宵峻徐気挫既

栖　栗　栞　校　株　核　根　格
裁　桁　桂　桃　桧　案　桐　桑
桜　梅　殊　泰　流　鬼　浜　浦
浩　浪　浮　浴　侵　消　烈　特
珠　班　畔　留　畝　益　真　眠
矩　砲　祥　租　秦　秩　称　竜
笑　粉　粋　紋　納　純　紗　紘
紙　紛　素　紡　策　翁　耕　耗
能　脂　脇　脈　脊　致　航　般
荷　莉　莞　華　蚕　袖　被　訓
託　記　財　貢　赳　起　軒　透
逐　遥　途　通　速　造　逢　連
郡　酌　配　酎　酒　釜　陛　院
陣　徐　隻　隼　馬　骨　高　鬼
倶　倦　哨　凉　圃　套　屑　桔
烏　紐　秤　笈　砧　訊　豹　釘
閃　挺　涅　卿　哩　晒　柴　畠
荻　莱　莫　逗　這　挺　挽　圃
悌　套　晏　祐　倶　閃　砥　栖

225

偶 唯 基 寄 崚 張 悠 捺 推 族 梨 淡 渚 琢 移 笠 細 習 菜 萠

偵 務 培 宿 崖 庸 得 捷 接 旋 梧 淑 渓 祭 國 累 翌 菖 術

測 勘 執 婦 崎 康 彬 捨 探 斜 梢 涼 渋 理 票 笛 紬 経 菓 蛍

偲 動 喝 婚 崇 庶 彫 捗 採 斎 梗 涯 渉 球 眼 笙 肅 組 船 虚

健 剰 啓 堆 尉 庵 彪 戚 掛 教 梓 毬 済 現 眸 章 粒 絃 舷 葛

偏 副 問 堂 條 常 彩 惟 掘 救 望 殻 清 率 盛 雀 笹 紺 舶 著

亀 凰 商 堀 蜜 帳 彗 惇 授 描 曹 欲 淳 猛 略 窓 第 紹 脩 萌

乾 兜 唱 埼 寅 巣 強 情 捻 揭 晨 械 深 爽 産 窒 符 紳 脚 董

226

許 軟 郷 陶 麻 梶 徠 牽 莱

設 赦 郵 陵 鹿 桶 埴 絆 菱

訪 責 郭 陳 鳥 梯 釧 淀 菩

訟 貫 部 釣 魚 堆 雫 梛 萄

視 販 逸 野 頂 冨 舵 掠 菅

規 貨 進 釈 雪 黒 畢 棒 躯 菊

袋 豚 週 酔 隆 黄 梗 掬 羚 捲

袈 訳 転 都 陸 埜 梁 惣 砦 袴

十二画

勝 喬 塁 尋 廊 扉 揺 普 曾 森

創 喫 塀 尊 幾 愉 援 晩 暑 陳

割 喜 場 富 幅 惣 揮 斑 暁 棚

凱 喚 報 媛 帽 惑 握 斐 智 棒

備 善 堪 婿 巽 循 換 敬 隈 期

傘 博 堅 奥 棋 複 楊 敦 晴 朝

傍 勤 圏 塚 嵐 御 提 敢 閏 最

偉 募 営 塔 属 弾 掌 塔 景 替

殖湖焦疎稀答給葉診貴遂釉隊韮惺湘萱琶

款港無畳禄筒絢落覚貯軽遥隅順寓淵註琵

欽賀渾番硬筋絡萩裕象軸達陽雲惹焚裡雁

極測滋瑛硫等結腕装詠距道間雰堺湛硯葡

椎温満琴硝筆紫脹裁詞越遍閑集飲湊琥萬

植渥湾琳短童粧翔街評超運開雄飯棲粥董

椋渡湯焼着峻粟絵衆詔貿遊鈍随須斯犀茸

椅淵湧然登程策統葵証買遇量階項揃筑賁隈

十三画

傑 催 傭 傲 債 働 僧 勢
勧 嗣 嘆 園 塊 塑 獅 塩
墓 夢 奨 嫁 寛 嵩 寝 幌
幕 幹 廉 微 想 愁 意 愚
愛 感 慈 慎 慨 戦 搬 携
摂 数 新 暉 蒙 暖 椰 椿
楊 楓 楠 業 楷 楼 楽 歳
殿 源 準 溝 溢 溶 滉 滝
漠 漢 煎 煙 照 献 猿 瑚
瑞 瑶 盟 督 睦 碁 禅 農
禎 福 稔 雅 稜 窟 節 絹
継 続 置 署 群 義 聖 聘
賢 腰 腹 腺 舜 艇 時 蒲
蒸 資 蒼 蓄 蓉 蓋 蓮 盧
蜂 裏 褐 解 触 詢 詣 試
詩 詮 詰 話 跡 該 跡 誇
誉 誠 豊 賃 資 賊 遠 路
跳 践 較 載 農 遜 鉱 遣
酪 酬 鈴 鉄 鉛 鉢 稲 稚
零 楕 雷 電 電 靖 靖 預
　 　 　 　 　 　 頌 頌

稟鼓鳩飾飽飼頓頑
楚煌楯幌塙噌傭圓
碗碓煉漣楢牒蒋溜
馴鼎跨蒐蓬蓑葦禽
　　　　　傳曄馳

十四画

墨増境塾嘉僚僕像
慕態徳彰層寧寡察
榛暮暦暢旗摘慣慢
滴歴歌樺模槙様構
熊漸漱漫演漆漂漁
磁碩碧碑璃嵯瑠爾
精管算箋箇穀稲種
総綿綾綺綸綱維綜
膜肇聡聞翠練緒禄
誘誓認誌複製蜜蔦
適輔踊貌豪読説語
銘銑銅銃銀酸酵遭
領静需雑雌際閣関
摑禎鳴鳳魁駆駅颯

嶋　實　幹　榊　榮　榎　樋　槍
槌　竪　箕　箔　窪　膏　裳　蔓
賑　鞄　頗　鳶　緋　蒋　摺　遜
厩　與　團　壽　齊

十五画

儀　凛　億　劇　劉　勲　器　墜
嬉　寮　導　履　幣　影　徹　慧
慶　憂　憧　憬　戯　摩　撃　撤
撮　敷　暫　槻　標　権　横　歡
毅　潔　潟　潤　潮　澄　熙　熟
熱　畿　監　盤　確　磐　稽　稿
穂　窯　箱　範　線　締　編　緩
緣　縄　罷　鋪　舞　蔵　焦　蝶
衝　褒　誕　誰　課　誼　調　諄
談　請　諏　諒　論　黎　諸　諾
謁　賓　賛　賜　賞　質　趣　踏
輝　輪　輩　遵　遷　選　遣　遼
醇　鋭　鋳　頬　養　駒　魅　黎
幡　撤　撰　廟　撞　魯　播　樟
歎　稽　畿　篇　糊　蕃　蕪　蝉

駈
頬
鋒
鞍
鄭
廣
誰
嚕
蕨
樫
蕎
駕

十六画

憩橋獲縫薫諮錘頬憐錐諦
嬢樹獣縦薪諭鋼頭龍鋸縞
奮整燕緯薦諧醒隣黛蹄鞘
壌操燃篤蕗諜還録鴨膳錫
壇懐濃築興親輸錯鮒諺醐縣
墾憾激穏膳衡賢錬鮎謂醍燈
叡憶機積膨衛謡錦館樽錆薙
儒憲橘磨繁薬謀錠頼樫輯橙

十七画

優厳嚇嶺懇戴擦曖
曙檀濯燦爵環瞭瞳
矯磯礁篠績繊翼聴
臆覧膽謙講謹購鍋

鍛　鍵　霜　霞　鞠　頻　駿　鮮
鴻　齢　壕　擢　檎　燭　櫛　檜
瓢　薩　薙　鍬　檀　篠

十八画　曜　耀　瞬　礎　穣　穫　簡　糧
織　繕　繭　翻　職　臨　藍　藤
藩　襟　観　贈　鎌　鎮　雛　闘
難　韓　題　額　顔　顕　騎　験
鯉　磨　叢　権　禮　蹟　鎧　鵜
鞭　謹　儲

十九画　瀬　爆　璽　麗　簿　繰　羅　艶
藻　蘭　覇　識　譜　鏡　韻　願
鯛　鯨　鵬　鶏　麓　曝　寵　蘇
蟹　顛　櫓　麒　瀧

二十画　巌　懸　競　籍　耀　議　譲　護
醸　鐘　響　馨

二十一画　艦　躍　露　顧　魔　鶯　鶴

鰯　轟

二十二画　籠　驚　讃　驍　鷗　襲

二十三画　鑑　鱒　鷲　巖

二十四画　鷹　鷺　麟　鱗

ひらがなの画数

（濁点「゛」の折は2画、半濁点「゜」は1画加算）

3	2	2	2	3		3	4	1	3	2
あ	い	う	え	お		か	き	く	け	こ

3	1	2	3	1		4	2	1	1	2
さ	し	す	せ	そ		た	ち	つ	て	と

4	3	2	2	1		3	1	4	1	4
な	に	ぬ	ね	の		は	ひ	ふ	へ	ほ

3	2	3	2	3		3	2	2
ま	み	む	め	も		や	ゆ	よ

2	2	1	2	1		2	1	1	3	1
ら	り	る	れ	ろ		わ	ゐ	ゑ	を	ん

カナ文字の画数

（濁点「゛」の折は２画、半濁点「゜」は１画加算）

2	2	3	3	3		2	3	2	3	2
ア	イ	ウ	エ	オ		カ	キ	ク	ケ	コ

3	3	2	2	2		3	3	3	3	2
サ	シ	ス	セ	ソ		タ	チ	ツ	テ	ト

2	2	2	4	1		2	2	1	1	4
ナ	ニ	ヌ	ネ	ノ		ハ	ヒ	フ	ヘ	ホ

2	3	2	2	3		2	2	3		
マ	ミ	ム	メ	モ		ヤ	ユ	ヨ		

2	2	2	1	3		2	4	3	3	2
ラ	リ	ル	レ	ロ		ワ	ヰ	ヱ	ヲ	ン

◆参考文献には「常用漢字筆順辞典」、学研の「漢和大辞典」および、ひらがなはパナソニック株式会社文字認識エンジン"楽ひら®"を採用しています。

※この漢字表には人名に不適切と思われる文字をほんの一部ですが削除してあります。

※常用漢字に人名漢字を入れてあります。

◇この漢字リストの中に、旧字は推奨する文字ではありませんので、記載しておりません。だが人名用として使える許要旧字があり、使用頻度の多い文字を記しておきます。

　収は収6、仏は佛7、壮は壯7、広は廣15、尽は盡

14、気は氣 10、条は條 11、斉は齋 14、応は應 17、与は與 14、団は團 14、竜は龍 16、寿は壽 14、伝は傳 13、国は國 11、祥は祥 11、福は福 14、弥は彌 17、県は縣 16、桜は櫻 21、来は來 8、恵は惠 12、徳は德 15、巌は巖 23、芸は藝 19、乗は乘 10、楽は樂 15、静は靜 16、頼は賴 16、神は神 10、浄は淨 11、将は將 11、灯は燈 16、亜は亞 8、為は爲 12、琢は琢 12、文字の後にある数字は旧字の筆数です。

　また「母」にある点々を近年は「毎」「海」「梅」とするが元の字も良し、略しても良しです。

　しめす偏「ネ」は「示」で、社、祝、視を祀、祕、祿のように書くのも差しつかえない。それなりの筆数計算は当然すべきです。

◇少し余談だが、2017 年 8 月 28 日、テレビで北海道釧路市桂恋の海岸に漂着した遺体は中国人女性と分かったがその名前が「危　秋潔」さんという。この苗字にある危険の危、どう思われますか。中国は文字発祥の地でありながら日本とは文字に対する考えが少し違うようだ。処が徳島県のローカル線に「大歩危（おおぼけ）」「小歩危（こぼけ）」という駅がある。この危も不思議だが、忍者屋敷があったり、妖怪屋敷もある。この町には危険というか、事故に遭いやすい近寄りがたい場所があるという。中々の名勝地とも聞くが、不思議な街かもしれない。

◇漢字の成り立ち

◇一説に霊長類の起源は、アフリカで一億年前と言われている。

◇30万年前の北京原人、6万年前の河套人（晩期智人）、2万5千年前の山頂洞人に至っては細石骨器が発掘されている。

◇世界で最も古い文字は、中近東に栄えたメソポタミア文明の時代、東洋系のシュメール人で、この頃には世界最古の文書を、楔形文字で粘土の石板に多くの神話を刻み付けた。

前6000　　西安東方の「半坡遺跡」で彩色土器は見つかっても、文字らしきものはまだ見当たらない。

前4000頃～　　中国先史時代から殷の時代（約500年続く）にかけて甲骨文字、卜字、金文などが発見されている。

前2560頃　　エジプト王朝クフ王の墳墓としてピラミットが作られた。

前1300頃　　甲骨文字（理解されてない文字を含めて約3000字）は殷から周にかけて青銅器などに刻まれ「卜辞」「金文」「古文」など、銘文の殆どが亀甲文字を装飾的に描かれ、絵に似てるのが多い。

　　殷では穀物の豊穣を願い雨乞いや祭り、戦の時期まであらゆることを文字を刻んだ甲羅や獣の

237

骨の、ひび割れで占う。これが象形文字の起源、亀甲文字は神との対話のために生まれたのが漢字であった。殷から周へと古代最大の天下分け目の激戦で勝利した周は神との交信の為の漢字を、他の部族との契約やら意思疎通が出来る手段として、使うようになり瞬く間に完成に向かい浸透していった。

処で最も古い宗教と言えばモーゼで、この頃エジプトで奴隷のごとく酷使され苦境にあえぐイスラエルの民を救おうとして立ち上がり、その教旨は今日もなおイスラエルにユダヤ教として伝えられている。

キリスト教、イスラム教、バハーイー教、仏教など後年信仰されるようになるが、卓越した予言者とし、モーゼの知恵を継承している節がある。前1273年没。

前1066　　祭りなどで歌われた歌が詩経となり、語り継がれた祖先の教訓がやがて書経となるこれら西周初期に作られた。文字が相当の速度で出来上がりつつあったようだ。

中国最初の文献詩経、書経の一部が作られ、その完成は前600年頃、その中には一億年くらい前の話もあると言う。日本に伝わる神話に等しいものかもしれない。

前657　　初代神武天皇の御代、日本の夜明けである。神話によると西暦2020年は皇紀2680年。福岡

県には古墳や遺跡が多く、この頃すでに朝鮮半島との交流があり、また当時他国からの多種多様の人たちの移動により、日本に定着もし今日の基礎が醸成されつつあったようだ。中でも今から 3000 年以上まえの遺跡には戦に使った武器や、農耕などに使われたと思われるものが多く出土していて、当時すでに他国からの文化というか、知恵の輸入があったようだ。

前 565 頃　　お釈迦様の誕生。古代ギリシャのイソップはこの頃。

前 551　　孔子生まれる。孔子の編纂した「春秋」にちなんでこの時代を春秋時代と呼ぶ。

この頃人間の歴史の中で特異な時期で、歴史の舞台に脚光を浴びる人たちが名を連ねる。ドイツの哲学者ヤスパース、中国では孔子をはじめ多くの理論家、インドではウパニシャッド、仏陀。イランではゾロアスター。パレスチナではイザリア、エレミヤ、ギリシャではホメロス、アルキメデス等哲学者や詩人、歴史家等々。

前 483 頃　　お釈迦様没。この前後して論語、中庸、詩経、大学、後の「楚辞」なる。

前 350 前後から　　諸子百家と呼ばれる思想家が活躍した。中でも孔子の思想を継承した儒家、老荘思想の道家、他に墨家、法家など乱立、国を憂い秩序の回復を狙うなど各論あり、以後孟子、荘子、屈原、荀子、韓非子など相当の思想家が

乱立した。

またソクラテス、プラトンもこの頃。

前 250 　　日本は縄文（10,000 年位前）から弥生時代
　　　　へ、土器の普及、農耕文化の発達、小国家乱立
　　　　の時期。

前 221 　　中国統一を果たした秦は各地方で独自に発
　　　　達した文字を統一、法治国家としての体制を整
　　　　える。

前 209 　　千年以上かかったと言われる万里の長城が
　　　　完成し、始皇帝没後、宰相の李斯は権力争いに
　　　　敗れて処刑されたが大変な業績を残した。道路
　　　　や運河を整備し文字は小篆（書体の一つ）、官
　　　　制・法律を整え度量衡、貨幣を統一する。それ
　　　　以前の文字を古文という。処でこの小篆という
　　　　文字、あまりにも装飾的で下級職員等書きにく
　　　　いため、徐々に簡素化され「隷書」となり更に
　　　　「楷書」「草書」「行書」と年月を経るごとに改
　　　　良と手軽さを求めて実用化され今日に至ったよ
　　　　うだ。

　　　　その後、項羽、劉邦らが挙兵する。項羽との戦
　　　　いに勝利した劉邦は天下の覇権を握り、史上最
　　　　長の王朝である漢帝国が成立した。

　　　　この頃の文献に耶馬大国の記述あり。

前 100 　　史書に中国に仏教が初めて伝わるとあるが、
　　　　実際にはもう少し後のようだ。

　　　　前漢武帝の時代司馬遷による歴史書「史記」が

なり、また易を中心とした易学と道家思想が中心となり、文学では「詩経」「楚辞」など形式の異なる五言詩が作られるようになった。

　　武帝は儒教を国教とする。

西暦004　　キリスト誕生。30年頃十字架に。西暦065、ローマ皇帝ネロはキリスト教徒を迫害弾圧する。後年日本でも踏み絵など使ってキリスト教徒を弾圧する。

西暦57　　倭の奴国（日本）は光武帝に貢物を送る。「漢委奴国王印」を賜る。

　　奇跡なのかその王印が1784年福岡県志賀島の畑で邪魔な石をよけて見つけたと言う、土の中で1900年以上眠っていた謎を知りたいものだ。現在は国宝。

西暦107　　倭の国王師升ら後漢に使節を送る。147年倭国に大乱あり。

　　戦争を避けて渡来した帰化人（王族、知識人等）も多く、隣国の優れた文化をもたらすことになる。

西暦238〜　　この頃、漢字が伝わるとあるが、実際にはもっと前であろう。往来があれば当然漢字も一部では理解し、意思の疎通や外交文書には不可欠だからだ。

　　「魏志倭人伝」に記されている邪馬台国の女王卑弥呼、魏に使いを送る。魏の明帝、証書を下し卑弥呼を「親魏倭王」とするとある。

処が卑弥呼の存在が定かでないこともあって、一説に天照大神ではないかと、また歴代皇后の鑑の一人と称される、第45代聖武天皇の后、皇族以外から初めての后である光明皇后との説もある。

お二人の年代からして、信用できない処もあるが話としては面白い。

西暦350頃　　大和朝廷いわゆる日本政府成立。国内統一なる。仁徳天皇の御代、住まいは荒れるに任せ粗食にして質素倹約を率先し、税を取ることをためらう等「民、疲弊すれば国荒廃する。民、豊かなれば国栄える」と仁政を。古代中国の伝説上の聖王、帝堯に劣らない賢者であったようだ。2千年以上継続する世界に類がない、天皇家のお心には、この仁徳天皇のご意思があったればこそであろう。

この頃。西域の僧鳩摩羅什、長安に来て「妙法蓮華経」をはじめ約300巻の仏典を翻訳し仏教の普及に貢献した訳経僧、後の玄奘と共に二大訳聖と言われている。

西暦369　　朝鮮半島に出兵、百済、新羅を破り半島南部を勢力下に。663年朝鮮白村江で、日本軍、唐軍に敗れる。

この頃ローマ、テオドシウス大帝、キリスト教を国教とする。

西暦470　　日本に仏教の伝来に伴い仏教文化が発達

　　　し、朝鮮中国との関係が深まり、諸文物の伝来
　　　も多くなる。

西暦513　　百済から五経博士、段楊爾來る。

西暦527　　インドの高僧、達磨（だるま）大師中国
　　　梁に来る。中国禅宗の祖と言われている。
　　　壁に向かって9年間、座禅を組んだとの逸話が
　　　ある。540年没。

西暦538　　百済の聖明王、仏像、経綸そして仏典を
　　　日本に、その後もたびたび仏典・僧尼を送る。

西暦593　　聖徳太子執政となり604年冠位十二階、
　　　十七条憲法を制定、国史の編纂、小野妹子等留
　　　学僧を隋に派遣するなど、仏教の興隆に尽力した。
　　　法隆寺、四天王寺を建立する。その後622年没。
　　　飛鳥時代は渡来人が活躍した時代でもある。百
　　　済の僧観勒、天文・地理書を伝える。
　　　マホメット、イスラム教布教開始はこの頃。

西暦645　　推古朝の折各種、法の制定ののち、大化
　　　の改新へと。この頃、百済が唐に滅ぼされ多数
　　　の百済人が渡来し、優れた文化をもたらす。ま
　　　た遣唐使なども漢字文化に大きく携わることに。
　　　玄奘三蔵、仏典を求め6000㌔のひとり旅、15
　　　年の歳月をインドで学び、馬22頭分で657部
　　　の経典や仏具を持ち帰り、大般若経、大菩薩蔵
　　　経、般若心経など翻訳に以後の生涯を費やす。
　　　道中の気候、風土、習慣などを元に「大唐西遊
　　　記」後の「西遊記」なる。

西暦 708　　　和同開珎の鋳造。

西暦 712 頃　　唐代に律詩、絶句が形成され、玄宗朝には李白、杜甫、王維等詩人が活躍し中国詩が完成に。

　　　　　　　古事記、日本書紀等口頭で伝え続けられた物語が書物となる。

西暦 750　　　東大寺、正倉院なる。鑑真和尚による唐招提寺建立。大仏さん建立始まる。

　　　　　　　日本人の心と魂がしみる最古の歌集、大伴家持の編集による 4500 首に及ぶ「万葉集」はこの頃。天皇から詠み人知らずとある庶民まで、メールなどの感覚で歌をやり取りするのが、相当浸透していたであろう。格差社会でありながら身分に関係なく多くを収録されているのは、現代の民主主義的なところもあり、しかも文字が一般にまで相当浸透していたことがうかがえる。

　　　　　　　発掘された 1300 年以上前の木簡には万葉仮名と言われ、当て字には違いはないが、現代では「伊加」は「烏賊」に、「多比」は「鯛」「許己呂」は「心」、「八間跡」は「大和」、「米志乎多倍留」は「飯を食べる」、「奈須比」は「茄子」などと変化し、中国から伝えられた文字を試行錯誤しながら今日の文字となった。

　　　　　　　仏典を学習する僧侶たちが、漢字の偏や旁を取ってか簡単なメモを行間に記入したのが、後にひらがな、カタカナとなり、しかも漢字の音

読み、訓読みなど伝来した文字を日本の従来の
言葉にあてはめ、読み方を含めた工夫の産物。
26文字の世界がある中で、中国古代黄河流域
で発祥した文字は、清朝の時代「康熙字典」に
4万字が収録され、現代ではその数、10万字と
も言われ今日の漢字文化圏を形成している。

平安時代初頭頃より作られ始めた、日本独自の
和製漢字、892年、僧昌住が編纂した「新撰字
鏡」に国字約400字が収録されている。

働、峠、畑、笹、辻、榊、腺、栃、畠、凪、匂、
辷、樫、襷、躾、凧、枠、俣、搾、込、鋲、鱈、
萩、糀、鋸、蕨、鮃、俤、栂、夊、嚥、塀、柾、
杢、桝、粂、裃、錺など一般的にはほとんど使
うこともない、読むもむつかしい字を含めると
1500は超えると言う。

現在では、和製漢語は中国に逆輸出され「共産
党、社会主義、幹部、法人、手続、義務、取締、
第三者、親族、継承、同化、場合、衛生、写真、
万年筆、紹介」などを筆頭に800語を超えてい
るようだ。

ちなみに和製漢字を作った人に、近年では新井
白石、杉田玄白、福澤諭吉、夏目漱石、森鴎外
の名が見える。特に江戸時代の学者、新井白石
はその著「同文通考」のなかに81文字の国字
をあげている。また外来語が入ってくると、糎、
粍、竓などが作られた。

西暦 804　　　最澄は「円密一致」とも言われ、千日回
　　　　　峰行、十二年間籠山行など荒行で名高い比叡山
　　　　　で、日本仏教の母体ともいわれる天台宗の基礎
　　　　　を作った。「国宝とは何者ぞ、宝とは道心なり。
　　　　　人は誰でも仏になれる」と説き、知識人の間に
　　　　　も浸透し「源氏物語」「平家物語」など古典文
　　　　　学、日本の古典音楽、能や茶道にも天台宗の仏
　　　　　教思想が入りその底流をなしているという。
　　　　　法然、親鸞、栄西、道元、日蓮といった各宗派
　　　　　の開祖たちが比叡山で学んでいる。

西暦 900 〜　　　「竹取物語」、「古今和歌集」、「拾遺和
　　　　　歌集」、「枕草子」、「今昔物語」、紫式部の「源
　　　　　氏物語」などはこの頃。

西暦 1124　　　平泉に中尊寺金色堂が建立される。

西暦 1167　　　平清盛、太政大臣となる。1185 年平家
　　　　　滅亡。

西暦 1192　　　源頼朝、征夷大将軍となる。マルコ・
　　　　　ポーロ「東方見聞録」、鴨長明「方丈記」はこ
　　　　　の頃。
　　　　　「平家物語」はこの頃。一説に鴨長明が書いた
　　　　　との説もあるが、不明なままのようだ。

西暦 1230 〜　　　法然に継ぎ親鸞は浄土真宗を「歎異
　　　　　抄」に「善人なおもて往生をとぐ、いわんや悪
　　　　　人をや」と。

西暦 1240　　　永平寺、曹洞宗の開祖、道元は「只管
　　　　　打坐（しかんたざ）」を眼目に「自我を捨てれば解放され万法

に通ず」と説き、現在世界に十数か所の別院が
あると言う。

　空海は中国より帰国後、真言密教を軸に京都東
寺、高野山、更に四国88ヶ寺を、「人は誰でも
宝石となる石を持っている。磨かざればただの
石」と。日蓮は総本山 身延山久遠寺を開いた。
「自らの幸せを願うならまず社会の安穏を祈る
べし、苦難を排除して希望を求め続けるべき
だ」と民の安穏を心掛けた生涯であったようだ。

西暦1274　　元軍蒙古襲来、文永の役。1281年蒙古
　　　　　襲来、弘安の役。

西暦1335　　金閣寺の造営はこの頃、吉田兼好の「徒
　　　　　然草」なる。

西暦1338　　足利尊氏、征夷大将軍となる。1573年、
　　　　　室町幕府滅亡。

西暦1492　　コロンブス新大陸発見。雪舟1506年没、
　　　　　1519年レオナルドダビンチ没。

西暦1543　　コペルニクス、地動説を発表。
　　　　　　ポルトガル船が種子島に着き、鉄砲を伝える。

西暦1560　　桶狭間の戦い、織田信長から豊臣秀吉
　　　　　を経て。

西暦1603　　徳川家康、江戸幕府を開き、征夷大将
　　　　　軍となる。

西暦1689　　井原西鶴の「好色一代男」、松尾芭蕉の
　　　　　「おくのほそ道」なる。

西暦1740　　前後して活躍された人に、貝原益軒、

新井白石、杉田玄白、平賀源内、伊能忠敬、間宮林蔵などが居る。

古くは運慶、快慶等現存する作品はすべて国宝となる仏師が居たり、また、この時代、歌舞伎、能、或は葛飾北斎、東洲斎写楽、歌川広重など筆頭に多くの画家が続出したり、刀剣など現代に通ずる工業技術の草分けであったり、現在の建築技術でも及ばないほどの技術の結晶である東寺の五重塔、薬師寺の三重塔などは、世界でも驚異の木造建築である。

1800年頃、科学者である国友一貫斎は鉄砲鍛冶師、20連発の空気銃、反射望遠鏡を制作。日本の天文学のさきがけでもあったようだ。またライト兄弟が飛行機を飛ばした時期より100年も前に飛行機の設計図にその部品まで、詳しく書き記した書類が最近になって出てきた。

また同じ頃万年時計として知られる「万年自鳴鐘」は当時の発明家、田中久重による驚愕の機能を盛り込んだ、奇跡のテクノロジー満載の機械、手作りの部品は1000を超えると言う、時間を表示するは勿論のこと、太陽と月の動きを表し、一度ゼンマイを巻くと一年間動く。現代の時計企業の技術でも実現はむつかしいと言われるほどの作品である。

それら文化芸能に限らず世界に誇れる大変な時代を経てきたようだ。

第七章　飛翔運の画数配置

◆ほとんどが「三種の神技」に準じた筆数配置です。

◆名前を付ける折の注意点。

地格にある筆数例えば（8～14）の時「14」即ち後にある数字は分割しても良い。

三文字にする折、例えば幸四郎の頭にある幸の「8」は分割出来ないが、四郎の「14」の時、（5と9）あるいは（13と1）などいくつに分けても良い、「五格とその仕組みについて」をご覧になれば理解いただけるでしょう。

◆まだまだ「三種の神技」を含む名前の組立てはあると思います。

　三つ四つしか表示しておりませんが、画数評価をご覧になりながら、じっくりお探しになるのもいいでしょう。

　三種の神技にこだわって、この表を作成していますが吉ばかり並べるのも決して悪いわけではありません。

　それなりに素敵な人生は望めるでしょう。

　なお、この表には例え組み立てが良くとも苗字以外10,20,30,40,42 など不穏な暗示を含む格数は除外してあります。

　万が一悪い兆しがうずき出すことがあるかもしれないからです。

苗　字　（天格）				苗字の筆数	名前（地格）の筆数
一条				1〜7	8〜8　8〜15
一宮				1〜10	3〜10　6〜7　7〜14
八木	二木			2〜4	4〜3　11〜4
八田	八代			2〜5	3〜5　10〜14
入江				2〜6	9〜7　10〜13
二村	人見	二見	入沢	2〜7	6〜12　8〜7　11〜21
八島	二宮	刀根		2〜10	11〜10　14〜11
川口　川上　小川　山下 丸山　小山　及川　大川 大口　土山　土川　山口				3〜3	3〜14　8〜3　11〜4 12〜12　13〜4
山内　大井　三木　土井 山中　大木　大内　川中 小木　大月　丸井　三井				3〜4	11　4〜4　9〜8　11〜5 12〜4　12〜12　17〜15
山本　山田　川田　大石 上田　小田　大平　大矢 川辺　小出　下田　千田 久田　三田				3〜5	16　1〜4　8〜15　10〜3 12〜3　12〜5　13〜3
小池　三宅　川合　三好 大西　小西　大竹　大江 久米　小寺　山西				3〜6	2〜4　7〜8　9〜14 10〜5　11〜12　17〜6
川村　小沢　上村　大谷 小谷　大沢　大村　上杉 大里　小串　大杉　大伴 大町　上条　三谷　小坂 小杉　三沢				3〜7	4〜11　6〜5　8〜3 10〜3　10〜4　12〜5 17〜6
山岸　土屋　山岡　三枝 大沼　土居　上松　大岩 大岡　小国　大坪　大林 小松　久松　丸岡　小林				3〜8	13　3〜4　7〜6　9〜4 13〜8
川畑　小柳　土屋　小泉 大津　久保　小津　小畑 大垣　上泉				3〜9	4〜8　6〜5　6〜15 6〜18　9〜8

三浦	川島	小島	上原	3〜10	8　3〜8　8〜10　12〜10
大島	小倉	小原	上島		13〜10　17〜2
小栗	小浜	大前	大高		
大庭	大宮	三島	三原		
上野	大野	小野	久野	3〜11	6〜11　10〜3　13〜5
小野	川崎	山野	大崎		13〜14　16〜2
川添	小菅				
大森	千葉	小松	大塚	3〜12	1〜16　4〜12　5〜12
川越	小森	小淵	大隈		12〜12　12〜14
小椋	山森	小堺	千賀		
小滝	大滝	山路	小路	3〜13	2〜13　3〜5　5〜13
小園	大塩				11〜12　11〜14
大熊	川端	小関	大嶋	3〜14	1〜14　3〜12　4〜11
小嶋	小熊	上総			11〜13
三輪	小幡	大槻	大蔵	3〜15	3〜3　3〜18
川澄					
大橋	土橋	大澤	三橋	3〜16	1〜12　2〜14　5〜8
小澤					
工藤	大藤	大藪		3〜18	3〜8　3〜12　3〜15
					6〜12
今　　中　　王				4	7〜20　10〜7　13〜4
中山	丹下	片山	内山	4〜3	3〜5　3〜14　8〜3
中川	木下	井上	井口		10〜7　11〜3　12〜4
井川	今川	牛山	内川		13〜4
戸川	水口	水川			
今井	中井	日比	木戸	4〜4	13　3〜4　5〜11　12〜1
元木	井手				12〜4　14〜3
太田	今田	中田	内田	4〜5	8〜7　11〜4　11〜13
戸田	井出	一万田			12〜3　12〜12
井田	井本	牛田	井尻		
片平	木田	引田			
中西	丹羽	中江	日吉	4〜6	5〜12　17〜4　18〜13
日向	引地	井伊	今西		

中村　水谷　木村　内村 中谷　今村　井坂　牛尾 今里　反町　戸沢　中尾	4〜7	4〜2　6〜7　9〜4　9〜7 14〜7
天沼　片岡　今枝　中居 中林　中林　五味　丹波 中岡	4〜8	3〜3　3〜8　5〜6　5〜10
中畑　今津　中垣　仁科 今泉　内海　天津　天草 中畑	4〜9	2〜9　4〜4　7〜1　9〜9 10〜1　14〜4
中島　井原　片桐　中根 木原　日高　牛島　内原 氏家　片倉　木島　戸倉 水島	4〜10	4〜3　5〜12　14〜4 15〜4
水野　中野　日野　天野 今野　丹野　内堀	4〜11	4〜12　5〜12　12〜11
水越　戸塚　中森　手塚 犬塚　中道　井筒	4〜12	2〜3　3〜12　3〜13 5〜11　11〜12
犬飼　日置　中園	4〜13	4〜11　10〜14　11〜13
手嶋　井関　中嶋　比嘉	4〜14	1〜14　9〜4　10〜3 10〜13
火養	4〜15	3〜13　　6〜7
中澤　中橋	4〜16	8〜13　8〜17
内藤　井藤	4〜18	3〜10　5〜12　6〜19
平　北　辻	5	8　10〜1　11〜8 11〜10
石川　市川　田口　古川 北川　平山　穴山　石山 尼子　石丸　立川　外山 永山　平川	5〜3	4〜3　5〜20　8〜8 10〜3　12〜3　13〜2 13〜12　15〜1
田中　石井　正木　永井 白井　平井　石毛　市毛 広井	5〜4	3〜12　7〜8　12〜3 12〜11　13〜3

生田 田辺 正田 広田	石田 白石 仙石 古田	本田 田代 半田	永田 石本 疋田	5〜5	11　13　3〜4　4〜10 5〜8　6〜7　10〜3 10〜11
本多 末吉	末次 永吉	加地 石岡	本庄 出光	5〜6	5〜8　5〜11　10〜6
田村 古谷 市来 石沢	平尾 立花 石村 北沢	市村 甘利 穴沢 田沢	古沢 石坂 石尾 広沢	5〜7	4〜8　5〜6　6〜18 10〜11　17〜8
平林 北岡 広岡	石岡 加茂	平松 市岡	田所 加治	5〜8	8　3〜8　5〜6　5〜11 8〜8
布施 石津	田畑 玉城	石垣 石神	古屋	5〜9	4〜9　6〜11　7〜10 12〜9
石原 田島 石島 田宮	加納 矢島 市原	北島 生島 北畠	田原 石倉 北原	5〜10	5〜3　7〜10　8〜13 13〜3　15〜13
北野 石黒 市野	矢野 田崎 石堂	平野 石崎	永野 石野	5〜11	3〜12　4〜11　5〜3 6〜10　12〜3　12〜4 12〜11　13〜3　13〜10
本間 平賀 出雲	古賀 石渡 加賀	石塚 石森 甲斐	平塚	5〜12	6　3〜4　4〜12　12〜4 13〜11
玉置				5〜13	8〜3　10〜13
田嶋	田端			5〜14	2〜11　7〜6　10〜3
生駒				5〜15	9〜12　18〜3
古澤	石橋	市橋	田頭	5〜16	5〜6　8〜3　15〜3
加藤	左藤			5〜18	6〜3　6〜12　6〜10 7〜8　8〜8
加瀬	広瀬	永瀬		5〜19	4〜11　13〜8　14〜19
辻　芝　仲　西　池				6	2〜5　9〜9

	6～3	3～12　5～3　5～10 12～11
吉川　西川　米山　竹下 池上　江口　羽川　江上 江川　池山　宇山	6～3	3～12　5～3　5～10 12～11
竹内　池内　吉川　向井 臼井　安井　有井　安中 糸井　有田　伊丹　寺井 小山内　竹中	6～4	1～4　4～9　7～6 11～10　9～12
吉田　池田　竹田　安田 寺田　多田　有田　池尻 瓜生　小山田　池永 池辺　宇田　江田　成田 西田　羽田	6～5	6～7　6～12　10～11
安江　寺西　有吉　安西 吉成　安宅　臼杵	6～6	5～6　7～5　9～15
竹村　西沢　西尾　吉村 早坂　吉沢　有沢　伊沢 池谷　有坂　有村　安芸 伊佐　伊豆　西条　寺沢	6～7	4～7　6～5　8～11
吉岡　伊東　竹林　西岡 竹林　寺岡　有岡　宇治 江波　伊奈	6～8	10　5～10　5～13　7～6 7～11
大久保　有泉　西垣 守屋　川久保　小久保 江草	6～9	6～10　6～11　7～10 9～8　12～9
西脇　吉原　寺島　有馬 竹原　西島　伊原　池原 江原　在原　伊能　伊庭 池島　江島　竹島　名倉	6～10	1～7　5～10　7～9 13～10
江崎　吉野　池部　宇野 寺崎　安部　色部　池野 各務　庄野　西野	6～11	4～11　6～9　8～3 8～7　13～1　13～2
安達　西森　伊達　有賀 五十嵐	6～12	5～8　5～12　5～18 7～10　12～3　12～11

伊勢	竹腰			6～13	5～12　8～5　11～15
伊藤	安藤	江藤		6～18	6～5　6～7　7～10 14～3
成瀬	百瀬	早瀬		6～19	4～9　4～12　16～17
谷	沢	沖　伴		7	11　17　8～8　8～9
村上　杉山　谷川　坂口 谷口　坂下　赤川　芥川 尾上　佐川　佐々				7～3	5～8　8～3　8～5　8～6 9～16　12～9　14～11
沢井　村井　坂井　赤木 赤木　宍戸　赤井　住友 花井				7～4	7～6　7～14　9～12
杉本　沢田　足立　村田 坂本　児玉　赤石　芦田 沖田　苅田　佐田　杉田 住田　角田　花田				7～5	1～10　3～14　5～9 8～9　12～9　18～4
佐竹　杉江　赤羽　近江 赤池　住吉　赤松				7～6	7～11　12～6　13～6
杉村　谷村　佐伯　志村 赤坂　角谷　芦沢　足利 男谷　尾花　沢村				7～7	8～9　8～10　10～7 16～11　17～10
村松　赤松　村岡　別府 花岡　坂東　吾妻　佐治 近松				7～8	8～8　8～9　9～8　10～8
赤星　赤津				7～9	4～4　6～9　15～10
杉浦　杉原　児島　佐原 対馬　芦原				7～10	5～10　7～8　11～4 14～10
佐野　杉野　尾崎　赤堀 日下部　赤堀　芦野 坂野　村野				7～11	6～9　7～9　12～11 13～10
志賀　杉森　芳賀　那須 赤塚　村越　赤須　谷森				7～12	5～8　5～11　6～10
佐藤　近藤　兵藤　谷藤				7～18	6　5～11　6～7　6～10 7～9　14～2

村瀬　佐瀬	7〜19	4〜11　5〜10　8〜7 13〜8
林　岡　岸　東　牧　金 宗　所	8	5〜10　8〜7　8〜8 10〜3　13〜3
松下　青山　松山　金子 岩下　松川　阿川　采女 岡山　金丸　河上　東山	8〜3	8〜5　8〜13　8〜16 9〜3　12〜9
松井　青木　岩井　坪井 茂木　岩井　油井　板井 小田切　青井　金井 国井　武井　長井　松木 河井	8〜4	9〜6　10〜2　10〜5 10〜13　11〜4
松本　岡田　岡本 井戸田　岩田　和田 武田　青田　明石　岩本 門田　金田　河田　岸本 岸本　幸田　沼田　林田 肥田　牧田　岩永	8〜5	6〜5　8〜3　8〜10 13〜5
岡安　河西　河合　国吉 長江　青地	8〜6	7　7〜10　9〜8　10〜7 12〜5　18〜9
岡村　河村　松尾　長沢 松村　長尾　岩村　阿坂 岩尾　岩沢　金谷　妹尾 牧村　松坂	8〜7	8〜8　8〜9　8〜16　9〜7 10〜7　11〜13
松岡　若松　若林　長沼 長岡　知念　青沼　阿波 味岡　岩波　岡林　国枝	8〜8	3〜5　7〜16　8〜7　8〜9 8〜17　15〜8
河津　金城　板垣　和泉 青柳　長屋　板津　岩城	8〜9	15　7〜8　7〜17　15〜9
松浦　河原　門脇　松原 長島　板倉　青島　青根 雨宮　岩倉　門倉　牧原 松島	8〜10	6〜9　8〜7　8〜15 14〜9

257

阿部　　服部　　河野　　牧野 岡崎　　岡部　　岩崎　　青野 姉崎　　岩野　　岩堀　　岡野 松野	8〜11	13　6〜7　6〜10　8〜8 10〜3			
的場　　松葉　　岩間　　武智 金森　　明智	8〜12	11　12〜9　12〜13			
長嶋　　宗像	8〜14	7〜16　10〜13　10〜15			
板橋　　長澤　　岩橋　　金澤 松橋	8〜16	7　5〜10　8〜3　8〜9			
斉藤　　武藤　　松藤	8〜18	5〜10　6〜9　7〜6　7〜8			
柳　　畑　　南　　星　　泉　　城 県　　柏	9	5〜10　6〜9　7〜6　8〜7 12〜3			
皆川　　秋山　　前川　　荒川 香川　　恒川　　相川　　浅川 神山　　品川　　津川	9〜3	8〜7　10〜5　10〜15 11〜2			
柏木　　荒木　　浅井　　秋元 畑中　　荒井　　秋月　　厚木 朝日　　茨木　　春日　　神戸	9〜4	3〜5　7〜4　9〜2　9〜9			
相田　　津田　　神田　　前田 秋田　　飛田　　柳田　　浅田 荒田　　柿本　　砂田	9〜5	2〜5　9〜8　10〜7 10〜14　11〜7　13〜5			
秋吉　　浅羽　　音羽　　春田	9〜6	10〜6　15〜6　9〜15			
神谷　　柳沢　　浅見　　相沢 津村　　保坂　　浅尾　　浅利 荒尾　　伊万里　神尾 津村　　彦坂　　前沢	9〜7	8　8〜15　9〜8　10〜5 17〜6			
重松　　浅沼　　浅岡　　柿沼 香取　　神林　　荒牧	9〜8	8〜8　8〜10　9〜6 10〜14			
神保　　保科　　荒巻　　秋津 浅香	9〜9	8〜7　10〜7　15〜8 20〜9			
前原　　柏原　　前島　　相馬 前島　　柳原　　相原　　浅原 秋庭　　朝倉	9〜10	3〜10　7〜9　7〜11 9〜7			

258

浅野　星野　神野　草野 神崎　海野　秋野　飛鳥 海部　狩野　柿崎　前野	9〜11	8〜3　8〜9　10〜9 13〜8
秋葉　草間　柘植　風間 相場	9〜12	4〜12　9〜9　9〜15 12〜12
後藤　海野　首藤	9〜18	3〜18　6〜15　9〜12
原　島　桂　浜　浦　峰	10	7〜14　8〜7　9〜8 11〜5　14〜3
高山　宮下　原口　栗山 宮川　浜口　浦上　桑山 柴山	10〜3	5〜6　10〜8　11〜7
佐々木　桜井　高木 酒井　畠中　高井　速水	10〜4	1〜6　9〜9　10〜7 11〜6　11〜7　15〜3
原田　高田　宮本　島田 浜田　栗田　宮田　梅田 浦田　荻生　倉田　桑田 島本　高石　根本	10〜5	1〜5　8〜5　8〜9 10〜11　11〜6　11〜7 12〜4
宮地　桑名	10〜6	8〜9　9〜6　10〜13
梅村　宮沢　髙村　高見 宮坂　島村　梅谷　唐沢 高坂　高杉	10〜7	15　9〜9　9〜15　11〜4 11〜7　11〜13　17〜7
高松　根岸　栗林　高岡 高林　宮武　梅林　兼松	10〜8	9〜6　11〜6　13〜8
島津　高畑　宮城　高柳 倉持　梅津　高津　財津	10〜9	2〜11　6〜7　8〜8　9〜4
栗原　高島　宮島　桑原 荻原　宮脇　梅原　梅宮 高倉	10〜10	11　3〜8　5〜8　5〜11 7〜4　7〜14　9〜7
宮崎　島崎　浜野　高野 浜崎　荻野　浦野 小佐野　桐野　真野	10〜11	2〜9　5〜11　8〜16 13〜11
佐久間　馬場　高須 高森　鬼塚	10〜12	9〜8　11〜6　12〜3 12〜13

			10〜14	2〜6　10〜7
高嶋				
高橋　鬼頭　宮澤　倉橋 真壁			10〜16	1〜5　7〜8　9〜12 10〜7　10〜11
堀　菅　都　梶			11	10〜3　11〜2
黒川　野口　細川　堀口 野上　亀山　掛川　梶川 清川　笹川　野川			11〜3	5〜12　8〜3　12〜5
清水　堀内　亀井　野中 望月　黒木　大河内 笠井　梶井　菅井　野中 深井　堀井			11〜4	1〜5　2〜4　11〜5 13〜4
野田　黒田　亀田　細田 野本　堀田　麻生 大和田　菊田　深田			11〜5	3〜5　3〜13　10〜3 10〜5　10〜7　10〜13 16〜7
菊池　堀江　鳥羽　葛西 黒江			11〜6	10〜5　11〜10　11〜13 12〜4
野村　黒沢　渋谷　深谷 深沢　細谷　魚住　野坂 深尾			11〜7	1〜5　6〜7　6〜15 8〜7　11〜12　17〜4
鳥居　黒岩　笹岡　笠松 菅沼　猪股　亀岡			11〜8	3〜10　5〜8　7〜6 11〜6
阿久津　猪股　深津 船津　葛城			11〜9	4〜7　8〜7　12〜13 12〜19
菅原　梶原　細野　紺野 黒崎　清原　大河原 鹿島　笠原　野原　亀島 黒宮			11〜10	11　11〜5　14〜10
菅野　細野　紺野　野崎 清野　鹿野　笹野　堀部			11〜11	13〜10　14〜11
野間　船越　堀越　鳥越 猪越　笠間			11〜12	3〜5　3〜13　11〜5 12〜4
猪飼　設楽　淡路			11〜13	3〜12　11〜4
猪熊			11〜14	1〜5　10〜6

260

黒澤　深澤　都築　船橋 八重垣	11～16	8～10　11～7　15～6
斎藤　進藤	11～18	11～7　11～12　13～10
森　堺　奥　堤　湊　勝	12	12～1　12～10　12～13
森口　富山　湯川　森下 奥山　飯山　賀川　葉山 森山　奥川	12～3	12　8～9　10～7　10～11 12～6　12～11　13～3 14～3
筒井　津久井　植木 朝日　奥井	12～4	4～3　4～11　11～5 12～11
森田　飯田　渡辺　奥田 富田　久保田　塚本 粟田　植田　奥平　勝田 須田　塚田　富永	12～5	1～5　3～3　10～5 11～4　11～7
落合　葛西　椎名　植竹	12～6	7～6　10～5　11～4 11～12
奥村　植村　奥谷　森谷 冨沢　飯尾	12～7	12～1　6～7　7～6　8～5 10～6
富岡　森岡　飯沼　飯岡 猪俣	12～8	8～17　16～5
湯浅　結城　渥美　猪俣 粟津	12～9	2～9　4～11　9～9 12～12
荻原　飯島　森脇　朝倉 塚原　森島　飯倉	12～10	6～11　8～9　14～9
奥野　渡部　森野　萩野 植野　粟野　飯野	12～11	4～4　5～19　12～4
越智　須賀　飯塚 朝比奈	12～12	4～11　4～13　9～6
富樫　棚橋	12～16	7～6　8～5　12～1
須藤	12～18	3～12　6～5　6～9
楠　椿　菅　塙　新　筧	13	3～8　8～10
溝口　遠山　滝川　福山 滝川　滝口　塩川　新川	13～3	8～3　12～3　13～8

鈴木　新井　福井　福元 碓井　春日井	13〜4	2〜5　7〜8　9〜5　9〜5 11〜5　12〜4
福山　新田　豊田　福本 園田　塩田　福永　蒲田 蒲生	13〜5	10〜5　12〜3　13〜10
祖父江	13〜6	7〜6　10〜6
滝沢　鈴村　宇佐見 塩谷　塩見　塩沢　新見	13〜7	6〜5　7〜8　8〜5 14〜11
福岡　豊岡　新妻 朝比奈	13〜8	10〜8　13〜11　16〜8
愛洲　宇佐美　新美 新垣　新城	13〜9	4〜11　9〜8　12〜11
福島　福原　豊島　嵯峨 福留　蒲原	13〜10	5〜3　14〜2　14〜4
塩崎　新野　園部　塩野	13〜11	4〜3　7〜10　13〜2 13〜4
猿渡　福富　新開　愛智	13〜12	4〜12　5〜11　12〜4
遠藤　新藤	13〜18	8　6〜10　13〜3　13〜8
榎　関　境　榊　嶋	14	9〜9　9〜18　10〜17
関口　樋口　徳山　稲川 増子	14〜3	3〜3　6〜9　8〜7　12〜3
緒方　熊木　増井 堀之内　綿引　関戸	14〜4	4〜11　12〜3　14〜9
増田　徳永　稲田　窪田 榎本　小野田　稲生	14〜5	6〜7　6〜10　11〜5 13〜3
小野寺　徳光	14〜6	7〜4　18〜3
熊谷　熊沢　稲村　稲尾 野々村　稲沢	14〜7	4〜7　8〜3　14〜4
稲垣　鳴海	14〜9	6〜10　7〜11　9〜9
榊原　関根　小笠原 漆原	14〜10	15　5〜10　6〜9　6〜11 8〜13
波多野　二階堂　熊野 綿貫　綾部　網野	14〜11	10　4〜2　5〜11　6〜10 7〜9　13〜3

稲葉　稲森	14〜12	5〜10　11〜4　12〜3
長谷川　横田　樋口　影山	15〜3	5〜8　5〜10　8〜9　12〜3
横井　横内　宇津木　加倉井　駒井	15〜4	7〜6　9〜4　13〜3
横田　廣田　駒田　潮田	15〜5	8〜3　12〜9　10〜11
横尾　海老沢	15〜7	6〜9　11〜6
海老原　大曾根	15〜10	5〜1　5〜11　6〜10
長谷部　諏訪　嬉野	15〜11	2〜11　4〜11　10〜11
大須賀	15〜12	6〜12　9〜9
橘　橋　澤	16	8〜7　8〜8　8〜17　16〜7
橋口　鮎川　樫山	16〜3	10〜3　14〜2
橋爪　薄井　田部井	16〜4	5　7〜8　9〜12　13〜8
橋本　澤田　橋田	16〜5	6〜5　12〜5
鮎沢	16〜7	8〜8　10〜6　11〜5
篠田　磯田	17〜5	8〜7　8〜15
磯村　鮎沢　磯貝	17〜7	1〜6　8〜7　9〜7
東海林	17〜8	7〜9　　8〜8
篠原　宇都宮　鍋島　鮫島	17〜10	8〜10　18〜6
篠崎　磯崎　磯野　磯部	17〜11	3〜10　4〜7　7〜10
藤川　藤山	18〜3	10〜14　15〜3
藤井　藤木	18〜4	12〜5　17〜6
藤田　藤本　織田　鎌田　藤永	18〜5	10〜5　10〜6　11〜13　13〜3
宇喜多	18〜6	7〜8　10〜7
藤沢　藤村	18〜7	8　6〜7　8〜8　11〜5
藤岡　藤枝　藤波	18〜8	5〜8　8〜7　16〜5
藤原　藤倉　鎌倉　宇都宮　伊集院　織原　藤島	18〜10	5〜19　7〜10　8〜3

藤野　藤崎　曽我部	18～11	5～11　13～10
藤森　藤間	18～12	5～6　6～11
鵜飼	18～13	2～6　8～8
瀬川	19～3	10～7　18～5　20～3
瀬戸	19～4	11～5　12～12　14～4
瀬尾	19～7	6　6～7　8～7　9～6
櫻井　露木	21～4	4～12　11～5
鷲見　鷲尾	23～7	4～7　6～5　6～9

◇苗字の由来

　日本人の苗字はいったいどのくらいあるのだろうと少し調べてみましたら約 15 万、一説に 30 万ともいわれている。

　諸外国を見ると中国は（漢民族）約 500、朝鮮は約 260、イギリスは約 13000、旧ソ連は約 50000 といわれている。

　苗字から見ると日本の数は珍名難読等多種多彩で世界では二番目に多い。一番多いのはアメリカで多くの移民を受け入れてきた移民国家で、その数 150 万種類にものぼるようだ。

　漢字文化を共有する隣国などは血脈による氏を尊重し、みだりに氏の変更はなかったようである。

　5 世紀允恭（いんぎょう）天皇は六姓を定め、公（キミ）臣（オミ）連（ムラジ）直（アタイ）造（ミヤッコ）首（オビト）、天皇降臨以来功績のあった人から、地方の高官、或は豪族などに与えている。

　時代が進んで 684 年天武天皇の時代、八色（ヤクサ）の姓（カバネ）と再編成が行われ、真人、朝臣、宿禰、忌寸、導師、臣、連、稲置の八苗字が氏、姓の始まりで士族階級の証とした。

　時代が移り嵯峨天皇の折、古代氏族 1182 の氏姓が記載された「新撰姓氏録」を作成。

　孝元、開化、崇神、天武天皇等皇族の子孫の名前に小野、柿本、阿部、大島、田中、日下部、桜井、三原、

中村、武田、長岡、大宅、大友、柏原、高橋、などその他天孫の系統の名の一部です。

山村、桜田、石野、宮原、大原、勝、桑原、等は中国の皇帝の子孫や百済、高麗の系列の一部、古代の姓名は地名からが多く、また武士や豪族等から特に役人武士など移動するために名前が拡散してることもあるようだ。

源義家の孫から石川、若槻、新田、足利の苗字が出ている。保元の乱は摂関家、源平ともに二分した争いで、平氏、藤原氏、武蔵七党系と出目は様々だが、氏の代わりに苗字が普及してきた。

この様に苗字の歴史を考えるに氏素性ともいうがそれぞれ歴史があり、大きな意味があるようだ。鎌倉幕府が成立後、守護、地頭とし役人を各地に派遣、それぞれが新天地を開発、嫡流は始祖の苗字を伝えたが、支流はその土地によって新しい苗字を生み出し、細分裂し苗字が増加した。（町年寄、庄屋、名主）学問、治世に功労があったもの特例として苗字帯刀を許した歴史がある。

特異な例ですが、栃木県南部には、「カブタテ」と言って相続者が絶えたとき、その家や財産を血筋はなくとも、受け継ぐことがあり、その相続人は財産、墓地、商号、など「家督相続の特権を組成す」と定められたこともあり、苗字とともに先祖祭祈に関わる一切のものを受け継ぐこととなる。

坂本龍馬の家系が断絶の折、明治政府は龍馬の姉千

鶴の長男（坂本直）に家名を継がせている。これは「家」の存続を国家が重視している証でしょう。

　明治8年「平民苗字必称義務令」が公布され。苗字を付けるべく法が定められ、文字も理解できない人まで名を付けるとなると、中々、むつかしく僧侶や名主にまたは役所に行って口頭で言うと役人がそれぞれの判断で名を勝手に記載命名した。煩雑というか複雑になった原因の一つの様だ。

　伊東、伊藤、井藤、井東、位登、井島、井登、板生、井筒、位藤、伊達、位頭、伊豆、井嶋、依藤、意東、藺藤、居藤、この苗字ざっと調べただけでもこれだけ、まだまだあるかもしれない。佐藤、左藤、佐東、佐島、坂東、佐十、砂糖等、次に鈴木、須々木、壽松木、寿々木、鈴城、進来、寿松木、鈴来、鈴樹、鈴紀、鐸木、また田中、田仲、多中、太中。又、山本、山元、山下、など。

　苗字を付ける折には、祖先からの伝承、屋号、職業、村落の通称、本分家の区別、有力者からの贈名などが要因でどんどん名の種類が増加していった様だ。

　多いのは山、川、谷、田、東、西、南、北、松、杉、森、海、島、日、月、などを混ぜて苗字とした。

　特に珍名の一部、一番合戦、要害、大豆生田、古城、五郎丸、煮雪、雲母、回り道、凸守、鰻、小浮気、日本、猫屋敷、師子王、無敵、躑躅、勘解由小路、九、野ざらし、酢、降魔、さらに、一尺八寸（かまつか）、生城山（ふきの）、八月朔日（ほずみ）、四十物（あい

もの）、空（きのした）、小鳥遊（たかなし）、月見里（やまなし）、十五夜（もちずき）、栗花落（つゆり）、十六沢（いざさわ）、金持（かもち）、喜屋武（きゃん）、胡本（えびすもと）、東海林（しょうじ）、十（えだなし）、水占（みうら）、また一円、十五夜、満月という苗字もある、最も長い苗字は勘解由小路、左衛門三郎（平仮名にすると８字）、それに東四柳という名をローマ字にすると Higashiyotsuyanagi となり名刺作りにも困るという人もいる。

　いずれにしても苗字には明治の頃、勝手につけられた名もあるが、由緒ある伝統的な名も多い。
　人は桓武、崇神、天武天皇の流れ、源氏や平家、徳川、あるいは隣国の王族の血脈の名も多いようだ。
　自分の苗字にどんな過去があるか知れない。ひょっとしたら凄い DNA が自分の血脈に流れてると考えるだけでも楽しいではありませんか。伝統ある苗字に感謝をし、大切に子孫に伝えたい。
　家紋もまた奥が深い、鎌倉時代には広く使われるようになり、江戸時代には庶民の中にも普及してきた。
　苗字は禁止された時期があったが家紋については、使用制限がなく自由に選択もし使用したようだ。
　現在その数、241 種、5000 紋以上あると言われている、今でも一般的に喪服などには家紋をつけている。

　名前のことだが特に平成になってからか、子供に付

ける名前は読みにくくあったり、苗字とのバランスも
チグハグなケースが多いようだ。読みにくいというこ
とはその子が将来にわたって、対人関係にも支障をき
たすように思えて仕方がない。

　例として、ほんの少しですが、最近の子供さんの名
前です。読めたとしても親しみ易さ等感じられますか。
琉聖、瞬、星那、七帆、月（るなと読む？）、膳、凛
翔、吏玖、澪、未蘭、琴望、葵心、萌加、己琴、謙芯
尽八、海璃、海波斗、心那、乃々奏、依槻など。

　それにしても令和と改元の年に「令和」という２歳
になるお子さんがいたのには驚いた。

あとがき

◆最後になりましたが

　不運を招くと言われるいくつかの考え方の中には、参考にしてもいい考えはないとは言わないが、易学などの考えを取り入れたりして、命名を煩雑にしているだけのように思えて仕方がない。命名改名は簡素な考えがいい。文字にしてもあるがまま、筆数などいつも書く其の儘が全てであって一切の細工も条件もいりません。色々とくどい程、同じことを書いてきましたが、画数の吉凶表をご覧のうえ吉か大吉を並べるだけ、命名および改名はたったこれだけのことです。出来れば「三種の神技」を組み込ませれば最高です、改名次第で人生の逆転もあるでしょう。後は読み易いか、呼ぶときの響きがいいか、親しみ易さが人の値打ちを上げてくれることでしょう。

　皇位の印である「三種の神器」は国家安寧の願いを込めた証であるが、武術の教えには「活人剣」また「活人拳」ともいう秘伝がある。人を傷めるのではなく、人を生かし、自分も生きる、その心が滲む「三種の神技」を名前に潜ませる時、「鏡、剣、勾玉」であり、しかも「活人拳」として、あらゆる苦難にも立ち向かうエネルギーと化し、強力にバックアップするでしょう。

　名前を付ける折、格数の良し悪しが大切であること

に違いはないが、それにもまして、心の在り方が人生の禍福を決めるように思う。いかに人生を豊かなほほえましい生き方をするかは、心次第ということも併せて知るべきと思う。それを念頭に置きながら書いてきたつもりです。

　諸説ある姓名判断の本を誹謗するような書き物になりました。浅学なため多くの先行く研究を参照させていただいたにもかかわらず、不遜の致すところがあって、失礼を顧みず横着な言葉使いで記してきました。

　ご寛恕を切に乞い願うものです。

　しかも失礼を顧みず、優れた先人の言葉をお借りして触れてきました。

　その上、故人を含め多くの方々のお名前を敬称もなく、勝手に拝借しました、心からお詫び申し上げます。

　また姓名判断とはかけ離れた戯れ言を加筆しました、不勉強がなせる業とお笑いください。不謹慎な思い上がりからで、平にご容赦いただきたい。

　その上、この書き物で責めがあるとすれば如何様にも甘受します。

平野　八州

この書を纏めるにあたって──

　恒川義朗、吉岡泰山、小池教夫、三宅慶子各氏には、

　ひとかたならぬ心づかいを頂き衷心より感謝申し上げます。

参考文献

『姓名判断　〝安斎流〟で運をつかむ』安斎勝洋 著　説話社　1998 年

『桜宮式星まわり姓名判断』桜宮史誠 著　実業之日本社　2004 年

『幸運をまねく姓名判断　名前でわかるあなたの性格と運勢』城山廸子 著　日本文芸社　1997 年

『最新幸運をつかむ姓名判断　新人名用漢字対応』高嶋泉妙 著　日本文芸社　2005 年

『姓名判断　運勢を開く』文屋圭雲 著　ナツメ社　2011 年

『新感覚必ず見つかる赤ちゃんの名前事典』国脇泰秀 著　西東社　1995 年

『純正姓名判断開運術入門　誰でも簡単にできる「人生を好転させたい！」名前のつけかた』田口二州 著　日東書院本社　2009 年

『赤ちゃん名前のつけ方事典　画数によるよい名前のつけ方』高杉光瑛 著　西東社　2004 年

『男の子の幸せ名づけ事典　赤ちゃんへの最初の贈りもの』阿辻哲次、黒川伊保子 監修　ナツメ社　2011 年

『解明！　由来がわかる姓氏苗字事典　家系・家紋』丸山浩一 著　金園社　2015 年

『姓名と相性　万徳の鑑定法あれこれ』岡本万徳 著　東海ラジオ放送　1977 年

『かわいい男の子・女の子すてきな名前の事典 [2011 年]』秋月智朱 監修　成美堂出版　2011 年

『幸せを願う新しい赤ちゃんの名前事典　男の子・女の子の素敵なネーミング』笹山俊彦 監修　成美堂出版　1995 年

ベネッセ・ムック　たまひよブックス　たまごクラブ特別編集　最新版『たまひよ名づけ百科』坂井一之編集　ベネッセコーポレーション　1997 年

『神宮宝暦』高島易断所本部／編　神宮館

『運命宝鑑　神明館蔵版』日本運命学会　日本易経大学館 共著　修学社　1983 年

『学研漢和大字典』藤堂明保 編　学研プラス　1978 年

「常用漢字筆順辞典」　筆順と読みを最も速く最も簡単に調べられるアプリ。漢字とひらがな・カタカナを、1 画ずつ指でなぞって筆順を確かめられる。

◆ひらがなはパナソニック株式会社の手書き文字認識エンジン "楽ひら®" を参考にしています。

著者略歴

平野 八州（ひらの・はっしゅう：本名：恒示）

1935年6月30日生まれ。
岐阜県美濃加茂市加茂野町鷹之巣1794　Excel Call　101
東海高校卒業後、東京で繊維会社に就職。以後転々とし32歳
で建築会社を設立、57歳の折、家内が他界。
69歳で廃業し、以後、孤独な隠居生活を謳歌するも自分の名
前に不信を抱き姓名判断の本を求め検索しつつ今日に至る。
趣味：旅と絵かな、油絵と水墨、下手でもやめられない。

玉寿（ぎょくじゅ）の姓名判断

2020年10月31日　第1刷発行

著　者　平野八州
発行人　大杉　剛
発行所　株式会社 風詠社
　　　　〒553-0001　大阪市福島区海老江5-2-2
　　　　　　　　　　大拓ビル5-7階
　　　　℡06（6136）8657　https://fueisha.com/
発売元　株式会社 星雲社
　　　　　　　　（共同出版社・流通責任出版社）
　　　　〒112-0005　東京都文京区水道1-3-30
　　　　℡03（3868）3275
装幀　2DAY
印刷・製本　シナノ印刷株式会社
©Hasshu Hirano 2020, Printed in Japan.
ISBN978-4-434-28065-8 C0011